[改訂版]

成長する人と組織

—人間主義的視点をもつ人的資源管理論—

栗山直樹［著］

創成社

本書の学びへの誘い

ヒトはなぜ組織を作るのだろうか。それは，一人ではできないことをするためである。それでは，なぜ組織を作ることで，個別に存在する個人の力を超えることができるのだろうか。

それは，ヒトとヒトがつながることで，一人ひとり別に存在すること以上に，力が引き出せるからである。それでは，どのようにしてヒトの力を引き出せるのか。それは，ヒトとヒトの間に関係を作ることである。その関係を作るためには，愛情か，金銭か，それとも権力か，さまざまな要素が作用するだろう。

ヒトは自分の力で成長できると思いがちだが，本当に自分一人で成長できるのであろうか。ヒトは関係の中で，自分に宿る可能性が引き出され，成長できるのではないか。人間関係の中で成長できるとしたら，人間関係をマネジメントする組織が必要となる。組織がヒトを変え，ヒトはヒトによって成長する。

そして，ヒトは長く生き，長く生きたいと思う存在である。ヒトとのつながりも短期よりは長期に関わる方が安定もするし，関係の質も向上する。所属する組織が継続的事業体となり，長く続いてゆく方が望ましい。

ヒトも組織も成長しなければならない。ヒトは成長し，自律する。自律すれば，変化する環境に対応できる。同じく，組織も成長し，自律する。自律して，変化する環境に対応でき，そして持続的な発展ができる。ヒトと組織は持続的に発展するために相互に必要な存在なのである。

組織から見たヒトとの関係はどうとらえられるだろうか。ヒトが目的であって，組織の手段であってはならないはずである。なぜならヒトはモノと違って尊厳性を持っているからである。この人間主義の原則をいかに守ってゆくのか。それを前提に，ヒトと組織の成長をどのようにして実現するのか。人的資源管理は，その理論と実践を学び，現実に活かすことを目的とする。

はじめに

【オープニング・エッセイ】

人と組織の創造的な関係構築

赤ちゃんは大きな産声をあげて生まれてくる。そして，驚くべきことにしばらくしてお母さんの愛情を受けて安心すると，笑顔を浮かべる。赤ちゃんは泣くことも，笑うことも生まれる前から知っているのだ。この能力は誰に教わるわけでもない。生命の中から莫大な成長への力が湧き出ているのだ。赤ちゃんは，成長への力の塊のような存在である。

この成長への力は泣いたり笑ったりして，周りに表現する形にむかう。あたかも「成長への力を支えて」というメッセージのように。お母さんは，その表現を見てすぐにそれに応えてあげようとするだろう。母と子の姿は，「人は人との関わりの中で成長する」ということを美的に示している。人は成長するためには，自分の行動に応えてくれる人が必要なのである。

ポジティブ心理学の主唱者であるM. セリグマンは，ご自身のお子さん6人全員に，1歳になるまで「同調ゲーム」を続けたそうである。赤ちゃんが机をバンとたたけば，それに応えて同じようにバンとたたく，2回たたけば2回たたくというふうに，行動に応えてあげる。赤ちゃんは自分の行動に応えてくれることで喜ぶ。そうすることで行動と結果の同調性を知ることができ，それが人生をポジティブに生きてゆく上で重要だという。

最小の組織，そして人にとって初めての他の人との関係，それが親子関係である。赤ちゃんの可能性を引き出していくことが，親子という初めての組織の目的である。人と人の関係によって，内からもともと持っている可能性を発揮してゆけるのである。そして，その関係が断ち切られたとき，人は自分が無力であるということを感じる。セリグマンは，それを「学習性無力感」と名づけ，うつ病の原因になると指摘した。無力ではなく，やってみようとの行動にあふれた組織の構築。この実現のために，創造的な人の組織の関係構築が望まれている。

本書の到達目標

1）人間主義的視点を持つ人的資源管理の各機能と現実的課題を説明することができる。
2）日本企業が持つ人的資源管理の特徴を理解し，その意味を説明することができる。
3）人的資源管理が企業の競争力を高め，社会の持続的発展に貢献できることを説明することができる。

経営学の一分野

人的資源管理（**Human Resource Management**，略語は**HRM**）は，「人のマネジメント」を扱う経営学の一分野として，また経営実務としても世界的に認知されている名称である。この学問分野は，伝統的な人事管理が人をコストとみなし受動的な管理をしてきたことを反省し，人的資源には膨大な可能性があり，それを活用して経営に能動的に関わってゆくことを目的に，心理学や社会学，政治学などの知見を総合した学際的学問分野である。

1970年前後からアメリカを基点として発展してきた。日本には90年代から知られるようになったが，まだまだ一般にはなじみのある言葉にはなっていない。日本では，人事管理や労務管理という言葉が使われ，人事管理はホワイトカラーに対応し，労務管理はブルーカラーに対応するという立て分けもあるが，正確な定義がなされているわけではない。しかし，グローバルなビジネスの場では，Human Resourceはヒトのことを表し，HR部はヒトを扱う人事部を指す。日本では，「人材マネジメント」「人事マネジメント」などと訳す向きもあり，人的資源管理が，定着した用語とはなっていない。

人と人のポジティブな関わり方は，経営学の一大テーマである。その探求に焦点を置いたのが，人的資源管理ということもできる。人と人の関わりで，人は成長してゆく。この成長というプロセスは人間が生まれつき持っている無限の可能性を発揮してゆく本源的なものである。

また，人は他の資源と違って**自由意志**を持っている。今の民主社会のもとでは，人をコントロールすることはできない。組織は，常に人から**協力**と**コミットメント**を獲得しなければ運営できない。いつも協力し積極的に関わってくれるわけではなく，反対したり，従わず反抗することも自由なのである。労働組合を結成して交渉する権利も持っている。

成長する人と組織

人的資源管理はこのような協力と対立の構造の中で，創造的な関係を作っていくことを探究する。本書のタイトルを『成長する人と組織』としたのも，この視点を一貫して持ちながら，人のマネジメントの理解と実践に寄与したいという願いを込めたものである。人的資源管理の発展の歴史の系譜をたどりながら，この視点がどのように生まれ，現実の経営に展開されてきたのかを念頭に置いたものである。

原点をたどると，人間が本源的に持つ人間的存在を重視したことが，人的資源管理の出発点であり，既存の人事労務管理と画する新しい人間主義的視点であったはずである。しかし，現代の労働現場を見ると問題がかえって深刻化していることがわかる。長時間労働や職務の空疎化による働きがいの低下，雇用の短期化と不安定化，非正規労働の増大と所得格差の増大，職場のいじめやハラスメント等々によって，職場でのストレスはますます増大し，人間の尊厳性が危うくなっている。いわゆるブラック企業問題や過労自殺問題など企業規模を問わず日本の職場において深刻化している。人的資源管理の研究と実践の歴史の中で，人間の尊厳が置き去りにされてきているように思える。

本書の目的

本書の第一の目的は，人間主義的視点を持った人的資源管理の再構築という問題意識を持ちながら，実践的でわかりやすい人的資源管理の教科書とすることである。そのために，各章ごとに到達目標を掲げ，何が学べるかを明確にした。また，覚えてもらいたいキーワードを太字で表記した。

第二の目的は，単なる無味乾燥な教科書ではなく，現実に関連するテーマを取り上げた解決策を提示したいということである。そのため，まず，各章の冒頭にオープニング・エッセイを置いた。また，具体的な事例をケーススタディとして示し，関連する話題をフォーカスとして掘り下げている。加えて，鍵となる人間主義的視点を囲みでわかりやすく表示している。

第三には，この分野は日本的経営と深く関連していることもあり，日本的経営について国際比較の視点を交えながら，論理的理解を促進するものにしたいということである。国内外のグローバル化が進み，日本の経験を世界に活かすために，原型（プロトタイプ）を提示し，国際社会での活用の観点から再評価すべき材料を提供したい。翻訳した言葉は，言語である英語と意味が乖離するケースも頻繁にみられる。そのためキーワードに英語表記をできるだけつけることとした。

本書の構成

本書の構成の概略について，簡単に説明したい。第 1 章は，人間尊重の視点から人的資源管理が発展してきた思潮の系譜について概説している。これにより，人的資源管理の原点を理解できる。第 2 章は，近年主流化してきた戦略論の発展を取り上げ，その過程で，人間尊重の視点が見失われがちになった過程を考察する。第 3 章は，日本的雇用慣行を，組織コミットメントなどの観点から再評価し，プロトタイプとして理解することで今後も適用し活かすことを指向したものになっている。第4章は，日本の人事制度を見据えながら，雇用管理がどのような意味を持つのかを理解できるものとなっている。第5章は，評価と昇進，報酬や労働条件など，人をどう扱うかという重要な処遇について学ぶ。第6章は，人の資源をいかに開発してゆくかというアプローチと制度を理解し，組織開発やキャリア開発の分野にもふれる。第7章は，労使関係と労働組合について，経営の中でどのような役割を果たすのかを考えてゆく。また，国際的に中核だと認められた労働基準について，労使関係の基礎として理解する。第8章は，モチベーションの基本的理解のあと，組織行動論という新たな関連分野の一大テーマであるリーダーシップについて理解する。諸論がある中で，成長する人と組織を考える上で示唆的な「状況対応的リーダーシップ」を基礎に具体的な手法を含めて学んでゆく。第9章は，労働環境の先進的事例，安全で健康な職場のための基礎知識，労働安全衛生マネジメント・システムを理解し，今後重要となるメンタルヘルスについて学ぶ。第10章は，人的資源管理と社会との関係，企業の社会的責任とのつながりについて考えるものとなっている。そして，人間主義経営と人的資源管理の関連について学び，今後の人のマネジメントの方向性について考える。

以上のように，本書はさまざまな要素で編まれている人的資源管理を，人間主義的視点という糸をたぐりながら理解し，現実のマネジメントに活かすことを目指している。成長する人と組織の実現に少しでも資すれば幸甚である。

2018年3月16日

著　者

改訂版発行にあたって

2020 年世界的なコロナウイルスの蔓延により，三密（密閉，密集，密接）を避ける働き方が求められ，職場において物理的，精神的，社会的（人間関係）に大きな変化をもたらした。これは人のマネジメントで望まれる改革を早めた点もあるが，新たな問題点も生じさせた。失われた 30 年と言われる日本経済の再建をいかにして進めるかがあらゆる分野で議論されている。

このような時期に，改訂版の改訂を行うこととなった。基本的には初版のベースを変えずに，説明が冗長になっているところなど不必要な箇所を削除し，データの更新や新展開のテーマを加筆した。大方の御叱正とご意見を賜ることができれば幸いである。

2023 年 5 月 3 日

著　者

目　次

第1章

人間尊重の人的資源管理

到達目標

○人的資源管理の概要を理解すること。

○人的資源管理の起源を理解すること。

○人的資源管理の理念・思潮の流れを理解すること。

○人的資源管理（HRM）と人事労務管理（PM）の違いを理解すること。

【オープニング・エッセイ】

マイフェアレディに学ぶ目標設定

笑顔を引き出してゆくような環境を作れば，非常に価値的で創造的な組織環境ができる。

作り笑顔の組織ではなく，創造的な笑顔であふれる組織である。その中の一つの笑顔は，期待を受け，それに応えることができ，信頼を築けたときの笑顔だろう。

◆

忘れられない笑顔がある。それは人の期待に応えることができた時のもの。映画「マイフェアレディ」で演じたオードリー・ヘップバーンの笑顔はその一つだろう。この映画の原作は，イギリスの劇作家バーナード・ショウの「ピグマリオン」という戯曲である。人は期待度に応じて成果をあげるという「ピグマリオン効果」は，これに由来する。

ロンドンの貧しい花売り娘であった主人公イライザは，自身の境遇を乗り越えるために，言語学者ヒギンズ教授のもとで発音矯正のレッスンを受ける。教授も花売り娘をレディにすることに賭け，懸命に取り組む。レッスンが行き詰まったとき，ヒギンズ教授は，今やっていることのすばらしい意義を語りかける。イライザはその期待の一言に一瞬で生命が変わったように，大きな壁を乗り越えた。期待に応えることができた喜びで，笑顔が輝き力に満ちあふれてゆく。

そして，王侯貴族が集まる舞踏会でレディとしてみごと注目を浴び大きな成功を得た。しかし，ヒギンズ教授はこの目標達成で満足してしまった。その目標は教授のものであって，イライザのものではなかったのである。その態度はイライザの大きな落胆を呼び，教授のもとを去る。そして，イライザは有名な言葉を残す。「レディと花売り娘との違いは，どう振舞うかではなく，どう扱われるかにあるんです。ヒギンズ先生にとっては，私はいつまで経っても花売り娘，でも大佐の前ではレディでいられるんです。なぜならいつもレディとして扱ってくださるのですから」。イライザは教授の思いを超えて成長していた。教授は，目標が人の成長のためにあることを知るべきだった。

ヒギンズ教授は，イライザが自分を超える存在になると思っていなかった。このことは，企業が行っている目標管理をうまく定着させるために役立てることができる。目標が，他の人のためや，ある組織のためだけを考えているなら，成果をあげることだけが目的になり，断続的な目標設定になる。しかし，目標がその人自らの成長にあるなら，連続的に目標が設定され，成長は上司の期待をも大きく超えてゆくものとなる。上司はそれをもって喜びとするくらいの働きかけをしてゆかなければならない。リーダーは相手が自分を超えて大きくなりうる可能性を持っていると確信しなければならないのである。

イライザが発した「扱われ方で振る舞いが変わる」の言葉の意味は，人的資源管理の視点を端的に表している。人は自分の力で変われると思いがちだが，信頼や期待という人との関係で成長できることを示唆している。関係で変われるとすれば，関係をマネジメントする組織が重要になる。人は人によって成長するのだ。「人は悪くない，関係が悪い」という発見は，新しい人のマネジメントに最重要のメッセージを与えている。

人間主義的視点 ⇒ ヒトは扱われ方で変わる

1. 人的資源管理とはなにか

1．1　Human Resource：人的資源とはどういう意味か

人的資源管理の中で，ヒトと資源どちらに力点があるかというと間違いなく「ヒト」である。ヒトの持つ資源と読むのであり，資源に力点がある「ヒトという資源」ではない。

人的資源（Human Resource）という用語をどう解釈するのかによって視点が大きく違ってくる。特に，ヒトを資源として管理するのか，ヒトの資源を管理するのか，解釈が分かれよう。ヒトを資源と解釈する場合，ヒトは管理される側となり，主体性が弱まってしまう。しかし，ヒトの資源という読み方をした場合，「ヒトの持つ資源が何か」に焦点があたり，ヒトの資源の可能性を追求することの課題が浮上する。ヒトとモノとの違いは，主体性を持ちその可能性を内発的に発揮できるかどうかにある。また，ヒトの持つ尊厳性についても焦点を当てる必要がある。この点については10章で改めて議論するが，新しい時代の人的資源管理の意義を考える場合，ヒトは可能性と尊厳性を持つ存在として解釈する必要がある。これが，ヒトのマネジメントにおける人的資源管理の発展から見えてくる視点である。

人間主義的視点 ⇒ ヒトの可能性と尊厳性

人的資源をどう解釈するかを考える上で，象徴的な議論があったことを紹介したい。それは国連の専門機関で，国際的な労働者保護と働きがいのある人間らしい仕事を意味するDecent Workを促進するILO（国際労働機関）の国際労働基準の設定過程における議論である。

第一次世界大戦後の平和条約（ベルサイユ条約）第13編によって，「永続する平和は，社会正義を基礎としてのみ確立することができる」として設立されたILOは，第二次世界大戦終結を見据えての「国際労働機関の目的に関する宣言」（フィラデルフィア宣言）で，「労働は商品ではない」（labour is not a commodity）

と高らかに謳った。この言葉は，労働問題そして社会問題を考えるとき，原点ともいうべき存在となった。ILO は 1919 年の創設であるが，ロシア革命など共産主義が広がる中で，別の形での労働者の権利の保護を追求するものとして期待された歴史を持つ。

1975 年この ILO で，人的資源という語が初めて国際労働基準のタイトルに採用された。この基準の採択にあたり，「ヒトを経済的資源のみの観点からとらえるのではなく，人的資源という用語を使うことにより，ヒトは文化的，社会的，職業的に未開発な資源をもっていることを示唆し，これを開発していくことが課題であることを示すことになる」[1)]という意見が出され，結論として，この用語が採用されることになった。そして，**human resources** は s をつけた複数形とし，人的資源は一つではなく複数あり，複数あるということは，無限にどんどん広がる可能性を持っていることを示唆する用語とした。複数形は日本語では表現できないが，そのような含意が込められた議論があったことを理解しなければならない。

「労働は商品ではない」。つまり，ヒトはモノと同じ資源ではないという人間の尊厳性を中核的価値として持つ ILO の場で，人的資源という用語を持つ国際基準が採択されたことの意味は大きい。人的資源という言葉が，人間の尊厳性と矛盾するものではないと判断された出来事であった。

図 1.1 に示されたような認識が適切であると考えられるが[2)]，上記の ILO の議論を配慮すれば，人的資源は職業的な能力に限らず，意欲など能力以外のさまざまな要因も資源として考えられうる。労働者は潜在的資源を発揮するかどうかを自由に決めることができる主体なので個人人格を持ち，組織の中において役割を担うことにより組織人格に関わることになる。この関係の重なり具合を**コミットメント**と呼び，人的資源管理の重要なテーマとなってゆくのである[3)]。自律した人間の尊厳性を基礎に，資源という可能性を引き出していくこ

1）　ノルウェー政府代表意見。ILO（1975）p.8.
2）　佐藤・藤村・八代（1999）p.4 を参照。
3）　原田・奥田（2014）p.14 を参照。

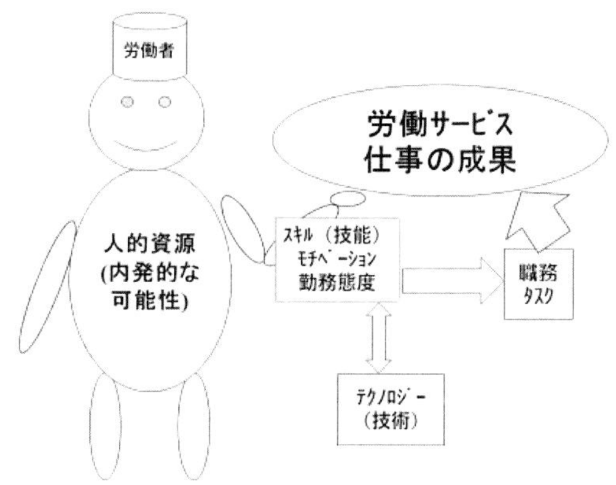

図 1.1　労働者と人的資源と労働サービスの関係
出所：佐藤・藤村・八代（1999）の作図を原田・奥田（2014）が引用。さらに筆者が簡略化し，修正・加筆を施したものである。

とが人的資源管理の基本原理である。

1．2　人的資源管理とはどういう科目か

大学教育における経営学では，企業を中心とする継続的事業体（組織）が，その経営資源を活用しながら，目的を達成するために運営することを学ぶ。経営資源とは，ヒト，モノ，カネ，情報が代表的なものであり，そのそれぞれについて，どのように管理するかを学ぶ経営の諸管理を扱う分野に分かれている。マネジメントは，それらの資源を使って組織目的を達成するためにある。

ヒトの管理とは英語で People management と一般で呼ばれる場合があるが，伝統的には **Personnel Management（略語は PM）**が使われ，人事労務管理と訳すことが適切であろう。1970 年代からは新たな呼び方として，Human Resource Management（HRM）という用語が学術界や実業界で使われ始め，日本でも人的資源管理という訳語が使われるようになった。

学問分野として人的資源管理論は，国際的に大学や大学院の高等教育機関で標準的な設置科目になっており，MBA（経営管理大学院）コースのスタンダード

な科目になっている。日本の大学でもようやく定着しつつある科目になっている。

なお，伝統的に労働者と経営との関連を扱う科目・学問分野として，**労使関係論（IR：Industrial Relations）**がある。この分野は，米国で発展し，労働問題や賃金などの労働条件を産業別の労使交渉によって解決するというアプローチを基本とする[4)]。この分野もHRMが吸収しつつあるということが指摘されている。労働条件を決めるのは，労使によるそれぞれの利害を代表する交渉により決まることよりも，経営側が組織と労働者の目的の同時達成を目指す人的資源管理に取り込まれつつあるというのが主旨であろう。しかし，この労働とヒトの管理は別の歴史があり，その2つの流れが合流しつつあり，相互に補完的であり，どちらかに吸収されるものではない。そのことの理解のためにも，人的資源管理前史として，労働の歴史を概観しておきたい。

2. 人的資源管理の起源

2. 1　労働問題への対処―人的資源管理前史

もともと，ヒトが仕事をするということは，生きるための生活の歴史であった。**労働（labour）**の歴史は人類の生活とともに始まったと言ってよい。ピラミッドの建設は多くの**奴隷労働**が使われたと言われているが，ヒトが強制的に使われる労働形態は，権力の増大に従って広がっていった。それ故に，封建社会での労働は苦役であり，忌むべきものとしてとらえられてきた。

産業革命によって，近代的な**雇用関係**の下での労働になった。英国では，産業革命の進展とともに，労働は搾取の対象になり劣悪な労働環境が社会問題化した。産業革命は物質的富ばかりか精神的富における不平等をもたらした[5)]。特に，労働者階級の出現と共に資本家階級への従属関係を持つ階級社会が形成された。これに伴って，労働者の団結と労働運動が高まっていった。

4） Kaufman（2007）p.21.
5） Alcock（1971）pp.3-4を参照。

1817年に起こった機械打ちこわし事件から始まった**ラダイト運動**など急進的な労働運動が高まってゆく。

英国の支配者階級は，1799年に団結禁止法，1802年に工場法を制定し労働者の抵抗に硬軟の両面政策をとらざるを得なかった[6)]が，労働疎外に対抗する流れを押しとどめることはできなかったのである。ヨーロッパおよびアメリカにおいてこれらの労使対立に対処するため，労働者あるいはその代表の労働組合と使用者との関係が職能レベルそして産業レベルに発展してゆく。このことから労使関係のことを英語でIndustrial Relationsと呼ぶのである。

このような中で，人間の尊厳性に基礎を置いた人的資源管理の起源であるとする**ロバート・オーエン**による人道主義の立場からの経営の試みが出てくる[7)]。1799年以降，綿業工場主であった英国のロバート・オーエンは人道主義的観点から，労働者の労働環境を整え，福祉施設を作るなどを提供することにより，経費よりより多くの利潤を生みだすという社会思想を提起して社会改革を進めた。そこでは一日の労働時間は10時間半に削減され，12歳以下の児童の使用を禁止，就業後には「性格形成学園」で，大人には社会教育，徒弟には唱歌やレクリエーション，幼児へは幼稚園の教育が与えられた[8)]。

このロバート・オーエンの試みの意義は，「労働を機械の付属物，他の全ての商品と同じように，その価値が必要な供給を維持するだけの費用で決定されると考えられていた時代に，新しい希望を労働者階級に与えたことであった。オーエンは経済学の人間的側面を強調した。産業の目的はもっと幸福で満ち足りた男女の人間を作り出すことにあったのである」[9)]と評価されている。オーエンは1819年の工場法の改正に尽力し[10)]，ヨーロッパの神聖同盟諸国会議に

6）飯田鼎（1966）p.39を参照。
7）鈴木好和（2014）は，Wick, John Stred（2000）を引用してこの見解を紹介している。
8）マーガレット・コール（1974）を参照。
9）Hovel（1918）*The Chartist Movement*, p.45.
10）工場法の発展については次を参照。Cooper（1954）p.130.
11）このようなオーエンの功績はILOにつながる先駆的な取り組みとして位置づけられている。飼手真吾・戸田義男（1960）p.1. 参照。

おいて労働者保護の最低基準を国際的に協定することを訴える[11]など，社会改革家としても大きな力を発揮してゆく。

1847年，フランスのアルザス地方でリボン工場を営んでいたダニエル・ルグランも，オーエンの思想，ルソーなどの啓蒙思想，そしてキリスト教の立場から，フランスとドイツ政府に「人はヒトであり，生産機械ではない[12]」として国際労働立法の必要性を訴えた[13]。

ドイツでは，1871年の普仏戦争の勝利を機として，産業が急速に発展したが，労働環境の劣悪化と共に労働運動が高まりをみせた。宰相ビスマルクは，1878年に社会主義者鎮圧法を公布する反面，労働者の福祉を増進するため，**ビスマルク**の3大保険法といわれる疾病保険法（1883年），災害保険法（1884年），老齢疾病保険法（1890年）を成立させた。

このように，人的資源管理の前史として，産業革命の進展による労働問題への対処に，人道主義的，啓蒙主義的，宗教的信条に基づく経営が提唱され，ヨーロッパ全体に漸進的な社会改革の動きとして広まっていった。そして各国政府は，急進的な労働運動への対策としての社会政策を展開し，労使関係への関与を強めてゆくこととなった。労働運動は1917年のロシア革命で大きなうねりとなり，西欧各国政府の危機感をあおった。労働問題の解決には，労働者と使用者の関係が重要であり，それを合法的に運営するために政府の役割があってこそ効果的な運営が確保できることが明らかになってゆく。ILO（国際労働機関）は，労働問題を解決するため，この**三者構成主義**（Tripartism）を普遍原則として1919年に設立されたのである。

2．2　テイラーシステムとフォードシステム

企業におけるヒトのマネジメントで大きな展開を見せるのは20世紀初頭の

12）Shotwell（1934）p.30を参照。
13）これがILOの設立につながったと評価されている。Follow（1953）を参照。
14）西川（2010）は森五郎編（1989）を紹介し，現在の人的資源管理の6～7割は，科学的管理法的な体質を占めていると指摘している。

アメリカにおいてである。まず，現在にも大きな影響を与えた**テイラーの科学的管理法**を最初に上げる必要があろう[14)]。

テイラーは工場経営の後，コンサルタントを経て，主要著作である「出来高払制私案」(*A Piece Rate System*, 1885)，工場管理 (*Shop Management*, 1903)，科学的管理の基礎 (*The Principles of Scientific Management*, 1911) を出版した。

テイラーは，一日の効率的な標準作業量を**課業**と呼び，それを**時間・動作研究**によって導き出し，労働者はそれをこなすための作業指図表どおりに働くことが求められるという科学的管理法とシステムを提唱した。**計画と実行の分離**，管理者と現場労働者の分離，労働者の段取り時間と技能訓練の削減が仕事編成の基本となった。このシステムを**テイラーリズム**（あるいはテイラーシステム）と呼ぶようになった[15)]。

ヘンリー・フォードは，1908年から1929年にかけて，このテイラーリズムを採用し，作業を特定した機械の導入，組み立ての流れ作業を完成させた[16)]。これは，他部署からの部品の供給をベルトコンベヤーでつないだり，部品や生産物の標準化により，規模の経済を実現し，単位当たりコストを低下させた。これは**フォーディズム**（あるいはフォードシステム）と呼ばれるようになり，大量生産方式 (mass production) の代表的システムとして知られるようになった。

テイラーリズムとフォーディズムは，生産性を引き上げ，自動車および電気産業に急速に広まることとなった。しかし，両システムでは，労働の単純化により労働者の退屈や不満足が増加するとともに，大量の離職者を出すなど大きな課題も生み出した。1936年のチャップリンのモンダンタイムスという映画は，この大量生産のもとで機械に人間が支配される状況を批判したものであった。

2．3　ハーバード大学における主導

アメリカで初めて心理学の講義を起ち上げたのが，ハーバード大学の**ウィリアム・ジェームズ** (William James) である。名著『心理学原理』(1890) で，図

15) Bratton and Gold (2012) pp.116-117.
16) Bratton and Gold (2012) p.117. p.119.

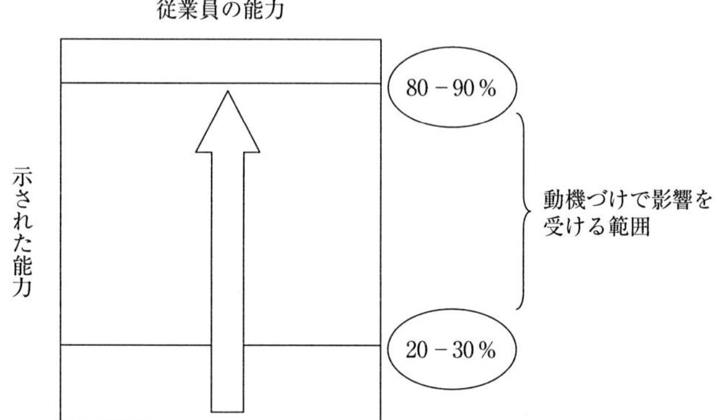

ハーバード大学William James：時給労働者が職を失わない程度に働く場合は能力の20〜30％を発揮。高度に動機づけられた場合は本来の能力の80〜90％を発揮することを発見

図 1.2　動機づけの影響の幅

出所：William James（1890).

1.2 のように動機づけの程度によって能力発揮が大きく違ってくることを論じた。時給労働者が職を失わない程度に働く場合は能力の 20 〜 30％を発揮し，高度に動機づけられた場合は本来の能力の 80 〜 90％を発揮することを証明した。

このジェームズの招きにより，ドイツからハーバード大学の心理学教授に就任したのが，**ミュンスターベルグ**である。1913 年に『心理学と産業能率』*Psychology and Industrial Efficiency* を出版し，社会的心理的要素が労働効率に影響を与えるのかについて研究し，能率心理学や産業心理学の源流となった。テイラーの科学的管理法の研究も同じ能率心理学と考えられるが [17]，産業心理学の流れは，テイラーの科学的管理法と一線を画し，労働者を生産要素と見るのではなく，労働者の人間的取り扱いを理念とした施策や手続きに発展してゆく [18]。

こうした心理学からのアプローチによる動機づけの研究は，ハーバードの

17）渡辺直登（2012）p.46.
18）岩出博（2014）p.4.

同僚研究者に大きな影響を与え，**人間関係論（Human Relations）**という流れを作った。1920年代後半から1930年代初頭にかけて，ハーバード大学の**メイヨー，レスリスバーガー**による**ホーソン実験**では，人間関係が生産に大きな影響を与えることが証明された。

同実験において，最初は，職場の照明などの最適状況を調べる目的であったが，被験者は労働条件のみで動機づけられるものではなく，選ばれたという誇りや，信頼を裏切りたくないという人間関係に大きな影響を受けることを実証して，人間関係重視の職場作りを促進したのである。このことは**非公式組織**においても当てはまる。したがって，不満を特定，改善を促す**モラールサーベイ（勤務態度調査）**が提唱される。

2．4　人間主義心理学の貢献

1940年代から，個人の人間的存在に焦点をあてた**新人間関係論（Neo-human Relations）**と称される分野が生まれ，やがて**行動科学（Behavioral Science）**と呼ばれる分野に発展してゆく[19)]。これまでの人間関係論の視点が，ヒトを集団として画一的にとらえてきたのに対し，新人間関係論は，ヒトの個人としての側面とその多様性に着目する点で大きく違ってきている[20)]。

岩出（2014）は，1960年代にマズローを代表とするこれらの主張が**人間主義心理学**と呼ばれていることを紹介しながら，「人間が真に人間として生きる意味や価値，人間の尊厳を問うといった意味で人間主義に立脚した[21)]」ものであると説明している。

さらに，**マズローの自己実現欲求**，**マグレガーのX理論Y理論**，**アージリスの成熟モデル**，そして**ハーズバーグの動機づけ―衛生要因**の諸説は，人間を

19）鈴木好和（2014, p.3）は，Wilton（2013）でこの名称が使われていることを参照しながら，ヒトを社会的存在とみる人間関係論とは異なり，動機づけなどにより，個人の十分な潜在能力の達成を強調するものである，と指摘している。

20）千田直毅（2016）pp.90-91.

21）岩出（2014）p.12. この記述はすでに『人的資源管理』（経営学検定試験公式テキスト第7巻）（2004）p.4にみられる。

表 1.1　人的資源管理の理念の思潮の変遷

年代	理念	キーワード	アプローチ
1910 年代～ 1920 年代	生産要素 理念	テーラーシステム（科学的管理） 　課業，計画と執行の分離　労使協働の強調 　高賃金・低労務費の原則 フォードシステム（大量生産制） 　ベルトコンベアーに象徴される単純作業	物的要素として扱う
1920 年～ 1930 年代	人間関係 理念	ホーソン実験 　組織における人間協働・社会的技能の重要性 　モラールの重視 　（非公式組織や一般的人間関係論にとどまる）	人間関係による職務満足を向上し従業員参加を重視
1940 年代～ 1950 年代	新人間関 係理念	行動科学（経営に応用できる人間行動の研究） 人間主義心理学 動機づけ（モチベーション）	モチベーションにより，個人の潜在能力の発現に焦点をあてる。
1960 年代～ 現代	人的資源 理念	リーダーシップの研究 人的資源モデル（未開発な資源の宝庫）※	開発すべき資源としてとらえ，人間の尊厳性を前提とする理念

※ Miles（1965）p.150 での表現。
出所：経営能力開発センター編『人的資源管理』（2004）p.16 をもとに加筆し作成。

成長・開発・達成への無限の可能性を持つ存在と理解しているとし，労働者は生産要素ではなく，いまだ活用されない潜在的な高度な能力を持つ人間的存在とする「人的資源管理理念」につながったと指摘している[22)]。

人的資源管理の理念の思潮の変遷は，表 1.1 のようにまとめられる。基本的には，ヒトを生産要素ととらえる理念から，ヒトが持っている資源の可能性に着目し，それを引き出すアプローチが，人間関係による社会的なものから，動機づけなどの個人が有する資源に着目していく経過を経たことが理解できる。

人間関係理念は人的資源管理理念に至る過渡的な理念であり，その内容は人的資源理念に包摂されているとも指摘されている[23)]。この 2 つの理念の橋渡

22）岩出は，人的資源管理理念に 2 つの要素があるとし，人的資本理論に基づいた「経済的資源としての人間重視」と人間人格として取り扱う「人間的存在としての人間重視」があると指摘している。岩出（2014）pp.11-15.
23）経営能力開発センター編『人的資源管理』（2004）p.16.

しをする象徴的な研究が，ハーバード大学ビジネススクールの**リビングストン**によって1969年に発表された**ピグマリオン・マネジメント**である。

1964年にハーバード大学の心理学者であるR.ローゼンタールは教師の期待や信頼が学生の動機づけに影響することを発見し，その効果を**ピグマリオン効果**と名づける論文を発表した[24)]。1969年ハーバード・ビジネススクールのリビングストンは，上司と部下の関係にもそれが当てはまり，上司の期待と信頼の働きかけが部下の業績に大きく影響するとの論稿を発表した[25)]。

この論文の意義は，ヒトに資源として内在する可能性は，ヒトとヒトとの関係によって引き出されることを示唆し，このアプローチはその後の人的資源管理の実践的展開，例えば，目標管理制度やリーダーシップ研究に大きな影響を与えるものとなった。人的資源管理の目標は，企業の経済的目的と従業員の人間目的の向上の2つにあるとし，組織目的と個人目的の統合および同時達成を運用原則としていくものとして発展していく[26)]。

【フォーカス】

目標管理制度（Management By Objectives）

日本の企業の90%が導入し，90%失敗していると言われるのが，この目標管理制度である。もともとドラッカーが提唱し，現代経営に導入されているものであるが，活用につなげているケースは少ない。上司と部下が，定期的に目標を設定し，それをPDCAでチェックして，次回までの目標を再設定してゆくサイクルを回してゆく。ここでチェックを部下の業績評価に使うことが問題となる。

評価のためにチェックすれば，従業員が自発的に目標を高くするはずがない。部下の成長のために目標を設定して，それは業績評価には反映しないということを徹底しないと意味がない。制度の導入という形だけでなく，内容がどうかが問われる。

24）Rosenthal, R. & Jacobson, L.（1968）.

25）1969年に発表されて以降，名著論文として，ハーバード・ビジネス・リビューにて何度も掲載されている。Starling-Livingston J.,（1988），スターリングリビングストン（2003）.

26）岩出（2014）p.21.

2. 5　人的資源管理モデルの発展

表1.2は，表1.1の各理念を，従来の伝統的人事管理モデル，人間関係モデル，人的資源管理モデルに対応するものとした場合の，前提，方針，期待を示したものである。これを見ても，伝統的人事管理モデルが外からの統制を強調しているのに対し，人間関係モデルは，社会的な関係性を構築することに焦点をあて，人的資源管理モデルが，内発的な開発のアプローチを重視していることがわかる。また，人間関係モデルと人的資源管理モデルの相互関連が深い。

表1.2　各理念に対応した各モデル

	伝統的人事労務管理モデル	人間関係モデル	人的資源管理モデル
前提	①仕事は不快 ②収入が大事 ③他律的	①有用・重要と感じたがる ②帰属と個別の欲求 ③金銭より上記①②が重要	①意味ある目標を望む ②自律的
方針	①監督・統制 ②作業分割 ③手順の実行	①有用・重要と感じさせる ②報告と傾聴 ③自己統制の余地	①未開発人的資源を開発 ②職場環境の整備 ③自律と参加
期待	①給与 ②単純作業を管理	①情報共有と参画 ②モラールの向上	①自発性の拡大 ②十全な資源活用で職務満足

出所：マイルズ・スノー（1983）より要約。

2. 6　人的資源管理のハーバードモデル

1981年，ハーバード大学ビジネススクールにおいて，Human Resource Managementがはじめて基幹科目として設置された。社会における変化や国際競争の激化に対応するため，総合的かつ戦略的にヒトのマネジメントを一本にまとめる必要があったからである[27)]。

これに携わった**Beer**などは，図1.3にあるような人的資源管理のハーバードモデルと後に称されるものを提示した[28)]。これは，組織と個人の関係にとどまらず，ステークホルダーや社会状況や長期的成果との関係までを視野に入

27） Beer et al.（1984）（邦訳「はじめに」p.iv）
28） Beer et al.（1984）（邦訳 p.31.）

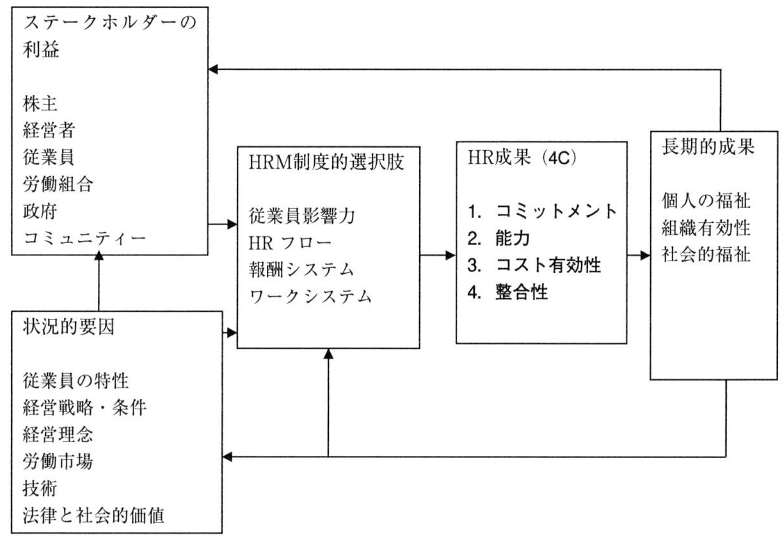

図 1.3　HRM のハーバードモデル
出所：Beer et al.（1984）

れたモデルである。

このハーバード・モデルの特徴の一つは，ステークホルダーの利益を人的資源管理の制度内容の決定に大きな影響を与えるものと理解したことである。つまり，人的資源管理の長期的成果である個人の福祉や社会的福祉，組織の有効性の増加を達成するためには，従業員とステークホルダーの利益が合致していなければならないとする。それを可能にするには，人的資源管理の直接的成果である **4つのC**，つまり **1．従業員の組織コミットメント（Commitment），2．従業員の能力（Competency），3．HRM 施策のコスト効果性（Cost effectiveness），従業員の目標と組織目標との整合性（Congruence）** とその原因と結果の相互関連性を強めることが必要である。

Bratton and Gold（2017, p.19）は，ハーバードモデルの意義を次のように指摘している。ハーバードモデルは，経営の目的として，人的資源の成果であるコミットメントと能力が，個人の福祉，組織の有効性，社会的福祉という長期的成果につながっていることを示唆している。この指摘は，ヒトは普段の仕事で本来持っている能力を発揮する機会には恵まれないものの，自分の能力を十分に発揮し，仕事を通じて成長したいと願う存在であるという人間観に根ざしているといえる。また，ヒトは仕事において成長と尊厳性を持つという人間主義的なメッセージを含んでいるととらえられる。

この人的資源管理の原点とも言うべき視点を確認することは重要なことである。すなわち，①ヒトは成長を望む存在であり，未開発の資源を内発的に発揮したいという存在であり，②ヒトは手段ではなく目的であり，経営の目的も個人の幸福と組織そして社会の発展に置くべき，とする人間の可能性と尊厳性に基礎を置く人間主義的な視点である。

ハーバードモデルを批判的に発展させたGuest（1987）は，伝統的な人事労務管理と人的資源管理の違いを表1.3のように比較している。前者が契約の遵守，硬直的な官僚構造，コストの最小化が特徴的であるのに対し，人的資源管理は，自主的なコミットメント，柔軟な組織構造，人の活用の最大化を強調する。しかしながら，80年代の国際競争の激化により，競争力強化が人的資源管理に求められ，人間の可能性と尊厳性の視点が薄れていく。この流れが1990年代に入って隆盛する戦略的人的資源管理につながっていくのである。

表1.3　人事労務管理（Personnel Management）と人的資源管理（HRM）の違い

	人事管理	人的資源管理
時間的視野	短期	長期
心理的契約	遵守（コンプライアンス）	コミットメント
コントロール	外からのコントロール	セルフコントロール
組織構造の傾向	官僚的	生態的　柔軟
評価基準	コストの最小化	活用の最大化

出所：Guest（1987, p.507）より要約。

参考文献

Alcock A.（1971）*History of International Labour Organisation*, Macmillan, London, p.6.

Beer, M., Spector, B., Lawrence, P.R., Mills D. Q. and Walton R. E.（1984）*Managing Human Assets*, The Free Press.（邦訳『ハーバードで教える人材戦略』（1990 年）日本生産性本部）

Bolton and Houlihan（2007）*Searching for the human in human resource management; Theory, practice and workplace contexts*, Palgrave Macmillan.

Bratton and Gold（2012）（2017）*human resource management; theory and practice*, Palgrave Macmillan.

Cooper Mansfield（1954）*Outlines of Industrial laws*, 2nd edition, London Butter Worth & Co（Publisher）Ltd, p.130.

Follow John（1953）*Antecedents of the International Organisation*, London.

Guest, D. E.（1987）"Human Resource Management and Performance: a review and research agenda", *International journal of Human Resource Management*, 8-3.

Hovel, Mark（1918）*The Chartist Movement*, p.45.

ILO（1975）*Human Resources Development: Vocational guidance and vocational training, Report* Ⅳ（2）, International Labour Conference 60th Session, p.8.

Kimakowitz et al.（2011）*Humanistic Management in Practice*, Palgrave Macmillan.

Kaufman, B. E.（2007）"The Development of HRM in Historical and International Perspective", in Boxall P. Purcall J., Wright P.（ed.）（2007）*The Oxford Handbook of Human Resource Management*, Oxford University Press.

Miles, R. E.（1965）'Human Relations or Human Resources?', *Harvard Business Review*, Vol.43.

Pitcher G.（2008）"Backlash against human resource partner model as managers, question results", *Personnel Today*. September 17.

Rosenthal, R. & Jacobson, L.（1968）*Pygmalion in the classroom*, Holt, Rinehart & Winston.

Shotwell, James T.（1934）*The Origins of the International Labour Organisation*, New York.

Starling-Livingston J.（1988）"Pygmalion in Management", Harvard Business Review, September-October.（邦訳スターリングリビングストン（2003）ピグマリオン・マネジメント，ダイヤモンド・ハーバード・ビジネス・リビュー，ダイヤモンド社）

Storey, J.（1989）*New Perspectives on Human Resource Management*, London Routledge.

Wick, John Stred（2000）*An Introduction to human Resource Management*, Butterworth-Heinemann, p.7.

William James（1890）*The Principles of Psychology*, London-Macmillan and Co. Ltd.
Wilton, Nick（2013）*An Introduction to Human Resource Management*, SAGE Publication Ltd., p.43.
飯田鼎（1966）『イギリス労働運動の生成』有斐閣。
岩出博（2002）『戦略的人的資源管理論の実相：アメリカ SHRM 論研究ノート』泉文堂。
岩出博（2014）『従業員満足指向人的資源管理論』泉文堂。
飼手真吾・戸田義男（1960）『ILO　国際労働機関』改訂版，日本労働協会。
栗山直樹（2009）「ステークホルダーと人的資源管理（HRM）の関連に関する一考察― HRM 論と競争戦略論の発展の系譜をたどって」『創価経営論集』第 33 巻第 1 号，2 月。
栗山直樹（2016）「人間主義経営センターが提唱する人間主義経営についての一考察―創価大学経営学部との交流における成果を踏まえた研究ノート」，『創価経営論集』第 41 巻第 1 号，12 月。
経営能力開発センター編（2004）『人的資源管理』（経営学検定試験公式テキスト第 7 巻）中央経済社。
佐藤博樹・藤村博之・八代充史（1999）『新しい人事労務管理』有斐閣。
澤田幹・谷本啓・橋場俊展・山本大造（2016）『ヒト・仕事・職場のマネジメント　人的資源管理の理論と展開』，ミネルヴァ書房。
鈴木好和（2014）『人的資源管理論』第 4 版，創成社，p.4。
千田直毅「第 6 章モチベーション」上林憲雄（2016）『人的資源管理』ベーシックプラス，中央経済社 所収。
西川清之（2010）『人的資源管理論の基礎』学文社。
日本学術会議（2012 年），「教育編成上の参照基準：経営学分野」大学教育の分野別質保証推進委員会，経営学分野の参照委基準検討委員会，8 月 31 日。
原田順子・奥田康司（2014）『人的資源管理』放送大学大学院教材，放送大学教育振興会。
マーガレット・コール（1974）『ロバアト・オウエン』白桃書房。
マイルズ・スノー（1983）『戦略型経営』ダイヤモンド社。
宮坂純一（2010）「人的資源管理（HRM）と倫理―人的資源管理をビジネス・エシックスの視点から考える」『産業と経済』第 24 巻第 3・4 号，pp.1-18。
森五郎編（1989）『労務管理論』新版，有斐閣，pp.30-31。
渡辺直登（2012）「産業・組織心理学」日本労働研究雑誌，No.621 April, 日本労働研究機構，p.46。
渡辺聰子，アンソニー・ギデンズ，今田高俊（2008）『グローバル時代の人的資源論　モチベーション・エンパワーメント・仕事の未来』東京大学出版会。

第2章

戦略的人的資源管理（SHRM：Strategic Human Resource Management）の発展

到達目標

○国際競争の激化と経営戦略の発展を理解すること。
○ポーターの環境適合モデルとバーニーの資源ベースモデルを理解すること。
○ハード HRM とソフト HRM の違いを理解すること。
○戦略論の発展により人間尊重の思潮が後退したことを理解すること。

【オープニング・エッセイ】

チャンピオンの役割

人事は「ひとごと」と読むと，日本語で冗談めいた話がある。人事は他人事のように冷徹に進められるという意味であろう。一方，アメリカの経営学の中で人事を積極的に捉えなおし，従業員のための人事という側面が強調されてきている。そして，人事やリーダーの重要な役割を「チャンピオン」と英語で表現されているのを見かける。チャンピオンとはどういう存在なのであろうか。

チャンピオンという言葉からボクシングという言葉を扱った２つの作品を連想する。１つは映画『ロッキー』。ボクシング世界チャンピオンの座をめぐって，どん底から這い上がった男の挫折と栄光を描いている。第１作ではロッキーはチャンピオンの座を逸する結末であった。試合に負けて人生に勝ったというエンディングになっている。当初ロッキーは第１作で終わる予定であったと聞く。しかし，結局，物語は完結していないとみなされ，２作目でチャンピオンになるエピソードが作られる。そしてチャンピオンの座をめぐって，以後６作まで物語が続いたのである。

人はなぜチャンピオンに熱狂するのであろうか。自身の姿をチャンピオンに投影して栄光を共有したいからなのだろうか。それとも自分たちの代表が覇者になることに栄誉を感じるからなのだろうか。いずれにせよ，チャンピオンの栄光の姿は人々に大いなる栄光と興奮を与える。

もう一つの作品は，谷村新司氏の作った歌「チャンピオン」である。勝利者となったチャンピオンは負けることが宿命づけられている。衰えを感じながら闘いに挑むが，若い挑戦者と戦い，遂にリングに沈んでしまう。ロッカールームで周りからのプレッシャーから解放され，これで普通の男に帰れるとつぶやく。チャンピオンの悲哀を見事に表現している。チャンピオンを目指す挑戦者は魅力的である。努力の結果，王座につく栄光は人々を魅了する。しかし，一旦チャンピオンになってしまえば，いつかは敗れるという恐れに直面することになる。誰かが勝つ（ウィン）と誰かが負けるという戦いでは，誰も永遠に勝ち続けることはできない。勝ちが無限に広がるためには，自分も勝って相手も勝つというウィン―ウィンの関係を構築しなければならない。

この概念はビジネス社会や人間関係でたびたび言及されるものである。英語のチャンピオンという言葉には，「制覇した者」という意味のほかに，代表者や擁護者という意味もある。個人の制覇ではなく，個人と組織双方に，ウィン―ウィン関係を実現するための旗手としてのチャンピオンが存在するのである。

このような支援をするために，人事は他人事のように誰かがやるものではない。人事には，組織のあらゆる場所に構成員の貢献を引き出すチャンピオンが必要なのである（3.2　ウルリッチの戦略的人的資源管理論を参照）。

第１作目のロッキーでは，フィラデルフィア美術館の階段を自分一人で走った。しかし本当のチャンピオンにはなれなかった。第２作目は，イタリア移民の代表として走り，子供たちと共に階段を駆け上った。そして真のチャンピオンになった。何かの代表として走るチャンピオンの姿が，ロッキーの大ブームにつながったのではないだろうか。

1. 経営戦略と人的資源管理

1．1　経営戦略論の発展

組織と戦略は，経営の中で最大のテーマであり，中心課題であり続けた。チャンドラー（*Strategy and Structure*, 1962）は「組織は戦略に従う」と言い，アンゾフ（*Strategic Management*, 1979）は「戦略は組織に従う」と言った。戦略が組織を決め，組織が戦略を決めるという相互に密接な関係をいかに作るのかが重要であり，特にグローバル化により，国際競争が激化し，そこに勝ち行くための競争優位をいかに強化してゆくかが現実的な経営課題になっていった。

環境は絶えず変化し，それに対応して組織編成がなされなければならない。またその過程で組織において種々の結果が生まれ，それを踏まえてまた調整してゆくというように，組織は外部の環境と継続的に相互作用していく**オープンシステム**を形成している。

近年の最大の環境変化は，グローバル化である。ビジネス環境は地球規模になり，世界を相手に競争することとなったのである。その競争にいかに勝つかという競争優位を生み出す戦略に焦点が当てられていったのである。

もともと人的資源管理の発展の必要性は，従来の人事労務管理では不十分な「環境の変化に柔軟に対応してゆく」ことにあった（Guest, 1987)。特に，グローバル化による変化の時代に，整合性がとれた戦略を実行するための柔軟性を，組織がそなえることに人的資源管理の価値があるととらえられている(Norvicevic M. M. & M. Harvey, 2001)。環境変化にいかに動態的に対応してゆくかという課題に対して柔軟に対応するオープンシステムの考え方は，そのシステムを取り巻く環境が異なれば，採用する手段は異なるとする**コンティンジェンシー理論**に発展してゆく。

人的資源管理にも「競争戦略論」が大きな影響を与えた。特に競争優位を創出するためのさまざまな要素の**適合（fit）**がキーワードとなった。環境の変化にいかに組織を適合（fit）させて競争力を強化してゆくかという視点から，内的適合（fit）と外的適合（fit）があり，これが２つの競争戦略論を生み出し，さらにそれが**戦略的人的資源管理論**につながってゆく。

1．2　ポーターの競争優位の環境適合モデル

一つは，競争市場の**外部環境（context）**が戦略を決めるという**マイケル・ポーター**に代表される競争戦略論である。競争優位を得るための戦略の研究について大きな貢献をしたポーターは，３つの選択的戦略：①革新戦略，②品質向上戦略，③コスト削減戦略を提示する。そして，戦略が構造を規定するとの視点から「戦略適合を目指す」戦略的人的資源管理論が展開される。この流れは，外部環境と人的資源慣行の**外的適合（external fit）**を探るものであるといえる。その視点から外部環境の分析を行い，組織の競争コンテキストを見定め，機会を活かし，脅威を小さくするようなポジショニング戦略を立てる。このことから**競争優位の環境適合モデル**とも称される。

1．3　J. バーニーの資源ベースモデル

一方，**J. バーニー**に代表される資源（リソース）の強みを活かしていくことを競争戦略の基本に置く**資源ベース（resource-based）モデル**と称する流れがある。資源ベースモデルは，**内的適合（internal fit）**にあたって，いかに人的資源の異質性と固着性を持ってゆくかを強調する。

これは，企業内部にある資源に競争優位の源泉があるとする。そして，この競争優位が持続的になるためには，他では代替不能で模倣ができない資源をいかに惹きつけ，蓄積し，引き止める（retain）かにかかっているとしている。その意味で，労働者の引きとめ，長期雇用をいかに促進するかという課題が重要となってくる。

こうして，人的資本のストックの蓄積が持続的競争優位の源泉となる（Wright, McMahan and McWilliams, 1994）。バーニーは，持続的な競争優位を持つためには，企業が持つ経営資源とケイパビリティーを判断する異質性（heterogeneity）と固着性（immobility）の２つの観点を挙げ，**VRIO フレームワーク**を提唱した。

VRIOとは**経済価値（Value）**，**希少性（Rarity）**，**模倣困難性（Inimitability）**，**組織（Organization）**で，それぞれの問いに答えることにより，企業の強みと弱みの枠組みを構築しようとした。

この資源ベースモデルは，長年にわたっての戦略的HRMの主流の理論的基礎となった。Barney および Wright らは，VRIOフレームワークすべてにわたって人的資源が競争優位を持つ源泉になりうると主張している（Barney and Wright, 1998）。

資源ベースモデルからみると，HRMの領域において，従業員への権限委譲，組織文化，チームワークの3つが，VRIOフレームワークを通じて持続的競争優位の価値を持つものになりうると指摘されている（Barney, 2002, p.285）。特にこれらの3つの要素は，見えざる経営資源で，社会的に複雑な経営資源から成り立っているといえる。社会的に複雑な経営資源は，模倣困難であり，希少性がある。この模倣困難性と希少性の程度が大きければ大きいほど，社会的に複雑な経営資源が持続的競争優位を持つ。社会的に複雑な属人的および組織的経営資源が持続的競争優位をもたらすことを，戦略的HRMの実証研究が証明しているとバーニーは述べている（Barney, 2002, p.285）。

この内的適合と外的適合は，HRMの戦略的観点からますます重要な話題になってきていると認識されている（岡田，2008）（蔡，2002）。もっとも，この2つのアプローチが明確な分派として発展してきたわけではなく，両者は渾然一体となって議論されてきたという経過がある。やがて**戦略的な観点からのHRM（Strategic Human Resource Management：SHRM）**が発展する過程で，2つのアプローチは融合される傾向が出てくる。

2. 戦略的人的資源管理論の２つの流れ

2. 1　ハードHRMとコンティンジェンシー・アプローチの戦略的人的資源管理の発展

ハードHRM論は，**外部の環境との戦略適合を探るモデル**である。その原型は，ミシガンモデルとも呼ばれ，Fombrun *et al.*（1984）が提唱したものである。このモデルを提示したミシガングループとは，ミシガン大学のTichy，コロンビア大学のFombrun，ペンシルベニア大学のDevannaなどに代表される研究者グループである（岡田，2008，p.266）。

ミシガンモデルが主張するのは，外部環境と経営戦略とのフィット（適合）の必要性である。この外部環境と戦略とのフィットに関して人的資源管理が期待される役割は，いかに従業員を経営戦略にフィットさせていくか，ということである。また，それぞれの企業を取り巻く外部環境と各企業のとる戦略は同じではなくさまざまであるから，効果的な人的資源管理は各組織によって異なることになる。これはチャンドラーによる戦略と組織の区別や，有名な「組織は戦略に従う」という言葉に近い発想である。

図2.1のように，彼らのアプローチでは，経済的，政治的そして文化的な外部の環境からの圧力に対し，企業内の３つの要素，すなわち三角形の中に描かれた①ミッションと戦略，②組織構造，③HRMをどう合理的に適合させてゆくかを重視する。この適合化を図る過程において，従業員は戦略目標達成のための資源であると捉えられ，その有効活用が焦点となる。いわば，従業員を組織目標を達成するための手段と位置づけているともいえよう。ミッションと戦略を達成するために組織構造を形成し，そこにHRMを統合し作り上げてゆくという「環境―戦略―組織構造―組織過程―業績」という**コンティンジェンシー・アプローチ**に則ったものである（岩出，2002，p.91）。

ミシガンモデルが主張するもう１つの点として，HRMの各領域間のマッチングが挙げられる。人的資源管理の諸活動間の相互関連と一貫性が強調されて

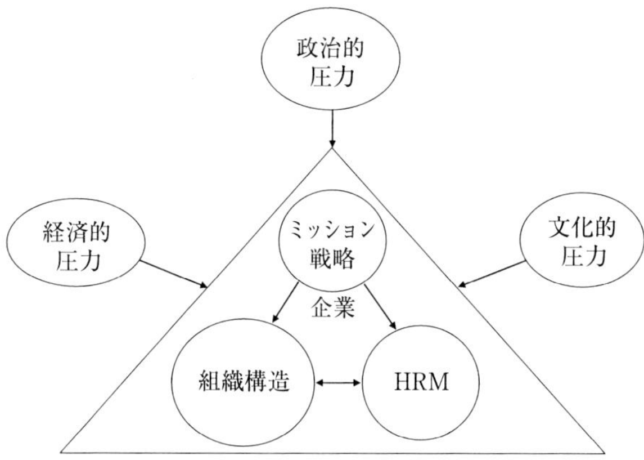

図 2.1　HRM のミシガンモデル
出所：Fonbrun *et al.* (1984, p.35)

いるのである。ミシガンモデルでは，①セレクション（採用と組織内部での選抜），②人材評価，③報酬，④人材開発の 4 領域を HRM の領域と設定し，これらの領域とパフォーマンス（個人と組織のパフォーマンス）がヒューマンリソース・サイクルを構築している要素であるとしている。つまり，4 領域の施策間のマッチングがパフォーマンスに影響を与えることを指摘しているのである。

このモデルは，4 つの人事活動に偏りすぎているが，図 2.2 のような「**人的資源管理サイクル**」を提示し，鍵となる人事活動の特徴や意義を理解し，人的資源管理という複雑な領域を構成する諸要因間の相互関係を理解する枠組みを提供する明快なモデルとして評価されている（Bratton and Gold, 2007, p.22）。

このコンティンジェンシー・アプローチに則った戦略的 HRM 論の代表的な論者として挙げられるのが，**Schuler and Jackson**（1987）である。彼らの主張の特徴は，競争戦略に従って，従業員の役割行動を明らかにしてゆくという視点でハード HRM にその基本的立場があった（岩出，2002，p.98）。ポーターの戦略論を踏まえ，革新戦略，品質向上戦略，コスト削減戦略にそれぞれ適合する HRM を提唱していた。

①セレクション（採用と組織内部での選抜），
②人材評価，
③報酬，
④人材開発
でマッチングをはかる。

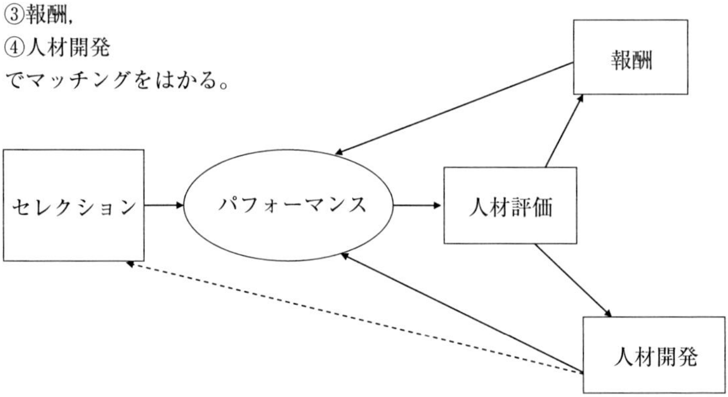

図 2.2　HRM サイクル
出所：Fonbrun *et al.*（1984）

2. 2　ソフト HRM とベストプラクティス・アプローチに基づく戦略的人的資源管理

ソフト HRM 論は，従業員を中心とする HR（Human Resources：人的資源）との関連に焦点を当て，企業の**内的適合（internal fit）**を探るものであり，人事慣行を**整合的に調整すること（Alignment）**で戦略に関連している（Huselid, 1995）。これに理論的根拠を与えたのが，バーニーの資源ベースモデルである。

この流れを人的資源管理論の分野で汲んでいるのが，**ベストプラクティス・アプローチ**に基づく戦略的人的資源管理である。この代表的な論者が**フェッファー**（Pfeffer, J., 1994）で，競争優位の源泉が，人々を通じての協働（working with people）にあるという「人間重視の見方」をしている（岩出，2004，p.30）。組織，従業員，働かせ方といった企業のソフト面は，容易に模倣できない持続的な競争優位を持つものととらえている。そして，その内実は**コミットメントの高い労働慣行（High-commitment work practices）**にあるとして，それを高めるためのベストプラクティスを探る実証研究に力を入れてゆくようになる。フェッファーはオライリーとその成果をまとめ，『隠れた人材価値―いかにして偉大な会社は，ごく平凡な人間を使って非凡な結果を達成するのか』（2000年翻訳版：翔泳社）を発表してHRM研究に大きな影響を与えた（Pfeffer and O'reilly, 2000）。

3. 戦略的人的資源管理論の融合

3．1　Schuler and Jackson モデル

ハーバードモデルの原型を提唱したBeerらは，もともと著作の中で「競争戦略と内的HRM戦略の適合（fit）とHRM戦略の各要素間の適合がなければならない」（Beer et al., 1984, p.13）と指摘しており，ソフトHRMとハードHRMの融合の必要性を提示していた。そして，HRMは内的整合性とビジネス戦略と適合することによって，本質的に戦略的な性質も持つものとしてとらえることができる（Boxall and Purcell, 2003）。

そして，ソフトHRMのBeerらとハードHRMのFombrunらの２つの考え方を踏襲し，それまでコンティンジェンシー・アプローチの代表的論者と目されていたSchuler and Jacksonは，人的資源管理の教科書で（Schuler and Jackson et al., 2009），戦略適合にあたって重要なステークホルダーとして企業の構成員である人的資源を含んでいることを指摘した。従業員へのマネジメントを通して，他の重要なマネジメントを効果的に行うことの重要性を示した。

図2.3のように，Schuler and Jacksonは，企業の存続に関係する主要なステークホルダーの目的を充足することが企業の成功を決することであり，HRMはそのために効果的に貢献することができると論じている（Schuler and Jackson *et al.*, 2009, p.4）。

外部環境を一般的条件とし，組織環境，HRM施策，ステークホルダーの目的の充足の３つの要素の相互作用をHRMのフレームワークとして位置づけた。そして戦略も組織環境の一部とし，これと並んで，企業文化であるビジョン，ミッション，バリューを挙げている。Schuler and Jackson *et al.*（2009）のHRMモデルでは，多様なステークホールダーを満足させる人的資源管理を

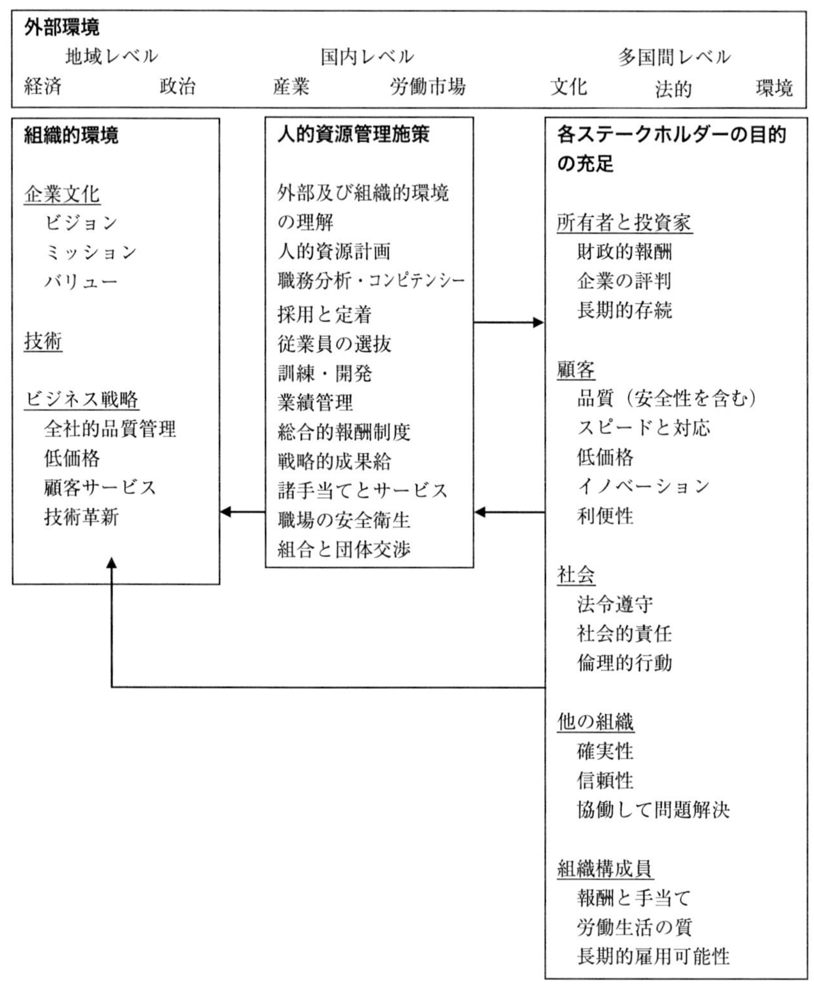

図 2.3　Schuler and Jackson *et al*. の HRM フレームワーク
出所：Schuler and Jackson *et al.*（2009, p.15）

構築できれば，それは持続的な競争優位の獲得にもつながるとしている。

Schuler and Jackson 自身が述べているように，HRM コンテキストの統合的な見方（Integrative perspective）が HRM のアプローチに出てきている。

Schuler and Jackson モデルは，外部環境と HRM の外的適合と，人的資源や人事慣行の内的適合の関連を位置づけ，ハード HRM とソフト HRM を結びつけるものと理解できよう。

戦略経営研究の萌芽期に提唱された**SWOT 分析**は，競争優位を持つため，企業の内部の資源の活用と，外部環境への対応という2つのモデルをうまく整理している。図 2.4 のように，企業の内部にある資源を分析することにより，強みと弱みを明らかにし，そして外部環境を分析することにより，機会と脅威を明らかにして，競争優位を構築してゆくことが重要であることを示している。バーニーは，持続的競争優位を持つためには，SWOT 分析を引用しながら，企業内部の強みを活かし，弱みをカバーする戦略的重要性を強調している。

このように，戦略的人的資源管理論は，外部環境やバリューチェーンにおいて，柔軟に適合してゆくコンティンジェンシー・アプローチと人的資源に根ざ

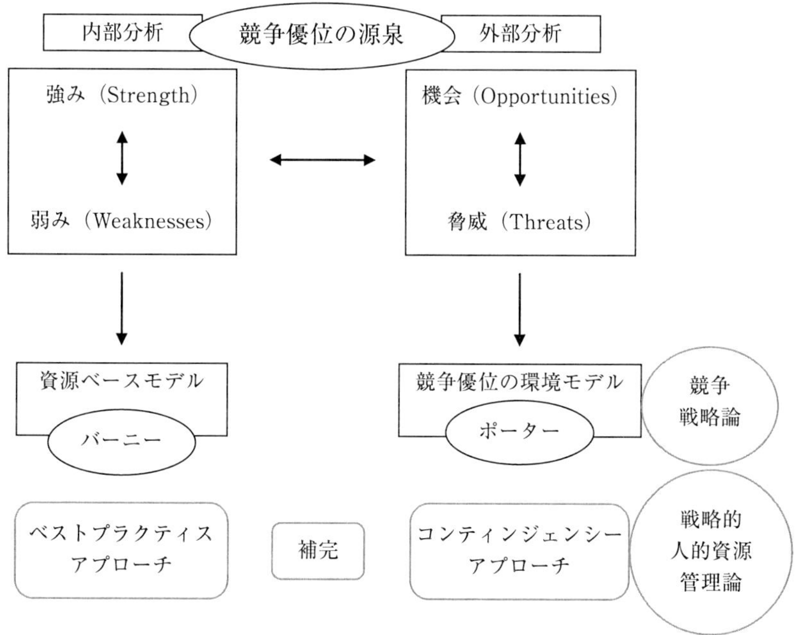

図 2.4　SWOT 分析と2つの競争戦略論

したベストプラクティス・アプローチの2つの流れが合流するようになった。そして，相互の関連性や補完性を深めることが，競争優位の強化に重要であるとする統合論が現在の主流になりつつある。

3．2　ウルリッチの戦略的人的資源管理論

戦略的人的資源管理に実務家からも大きな関心を呼んだ著作として，デイビット・**ウルリッチ**（David Ulrich）の **Human Resource Champions**, 1997（邦訳：『MBA の人材戦略』1997 年）がある。ウルリッチは人的資源管理が何のために存在するのかという根本的な問いかけに応え，人事の活動や職務だけを重視することではなく，その人事の成果を重視するべきであるとする問題意識を投げかけた。すなわち人的資源管理によって何が経営のためにもたらされるのかということを追求した。人事は何ができるかという doable という視点に代わって，人事が何を経営にもたらすことができるのかという deliverable という視点で見直した。

ウルリッチは，図 2.5 のように縦軸に人的資源管理専門職の備える視点を，長期的な戦略と短期的な日常業務に分け，横軸を人的資源管理専門職の活動が，プロセスのマネジメントか人材のマネジメントなのかで分け，4 つの象限で分けて考えた。それぞれ戦略的 HR マネジメント（**戦略パートナー**），トランスフォーメーションと変革のマネジメント（**変革推進者**），企業のインフラストラクチャー（制度や構造）のマネジメント（**管理エキスパート**），従業員からの貢献のマネジメント（**従業員チャンピオン**）に役割を分けた。表 2.1 はそれぞれの活動と達成目標をまとめたものである。

この著作は人事実務者に大きな影響を与えた。Bratton and Gold（2017, p.26）は，その理由として，論理が明確で経営において人事の地位を押し上げるものであった点を挙げている。同時に，焦点はよりアピール度の強い戦略パートナーと変革推進者に当てられ，地味な管理エキスパートや従業員チャンピオンという役割は軽視される形となったと指摘している。

本著作のタイトルは「人的資源チャンピオン」であり，ウルリッチは人的資

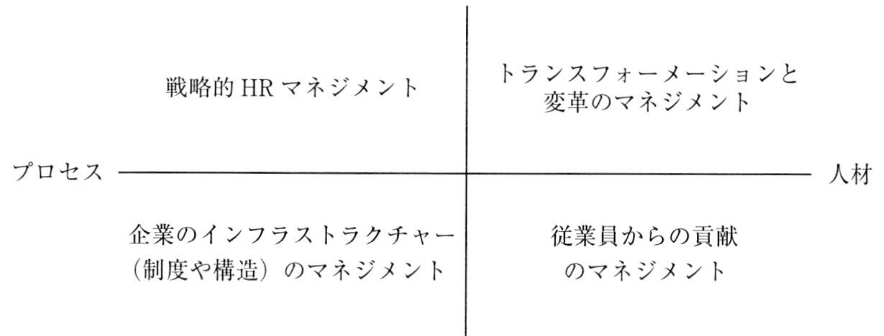

図 2.5　HRM 戦略の 4 つの役割

表 2.1　HRM の 4 つの役割と意味（D ウルリッチ）

役割	形容	達成成果	活動
戦略的な HR マネジメント	戦略パートナー	戦略を実現する	HRM とビジネス戦略を統合する「組織診断」
トランスフォーメーションと変革のマネジメント	変革推進者	変革された組織を生み出す	トランス・フォーメーションと変革を推進する「変革推進能力の構築」
企業のインフラストラクチャーのマネジメント	管理エキスパート	生産性の高いインフラストラクチャーを築く	組織プロセスをリエンジニアリングする「サービスの共有」
従業員からの貢献のマネジメント	従業員チャンピオン	従業員のコミットメントと能力を向上させる	従業員の声に耳を傾け対応して従業員にリソースを提供

（注）champion は動詞で，～を代表するとか，～のために戦うという意味で，名詞で「旗振り役」や「擁護者」という意味。そのような役割を持つ人が現場に多くいなければならないということを従業員チャンピオンは意味している。
出所：図 2.5，表 2.1 ともにウルリッチ（1997）。

源管理の焦点である経営と従業員をつなぎそれぞれの目的を統合するという役割を重視したと考えられる。しかし，国際競争が激化し，アメリカの競争力が低下している状況にあっては，人事に求められる役割が戦略パートナーや変革推進者であったのである。

【フォーカス】

ウルリッチの人的資源チャンピオンズ

ウルリッチの人的資源チャンピオンズをクローズアップしたい。この場合のチャンピオンの意味は，従業員の代表としてニーズ（要望）を把握し，従業員たちの目標実現のための旗振り役というものである。従業員のために行動することが，組織の成長につながってくる。チャンピオンの役目は，人と組織のギャップを埋める橋渡しをすることである。

人は組織の中で，自分が望まれている要求を感じる。その要求に応じるため自分の中にある資源を活用しようとする。しかし，この要求と資源の間にギャップがあることを感じると，人は精神的に落ち込んで「うつ」状態に陥る。つまり，要求が過度に高く，自分の持っている資源が大きく不足していると認識すれば，人は要求に押しつぶされた感覚になり，「自分なんて」という敗北感を強くしてしまう。反対に資源は多く持っていると思っているが，組織の自分に対する要求度が低いと感じれば，退屈感と同時に期待されていないという疎外感を感じる。

人的資源チャンピオンはこのギャップをなくし，従業員をさらに意欲的に諸課題に取り組んでもらえるよう支援する。では人的資源チャンピオンはどう要求と資源のバランスを取れるようにするのか。第1は，その人が感じている組織からの要求をふるいにかけ，適切なレベルまで課題を下げることである。これはもちろん達成しやすい目標に転換するということではない。重要なこと，重要でないことを軒並み実行しようとしている人に対して，優先順位に気づかせたり，焦点をあてて行動することを促したりすることにより，資源の有効活用を図ろうとするものである。

第2に，人的資源を増やすことにより，高い要求レベルを達成できるように支援することが挙げられる。楽しい雰囲気をつくることや，コラボレーション（協力）やチームワークの場を提供するなど，さまざまな支援策はある。

第3には，要求を資源に転換することが挙げられている。修羅場をくぐりぬけてこそ，人は大きく成長する。危機をチャンスにできることはよく知られていることだ。

従来，労働者の代表は労働組合など別組織と考えられてきたものが，人事が果たすべき役割である人的資源チャンピオンとして労働者の立場に立った施策を提唱した。このウルリッチの著作の論点は労使関係にも大きな反響を与えた。

4. ハードHRMの台頭と人間主義思潮の衰退

人間主義的視点 ⇒ ヒトは戦略のための資源ではない

労働者観において，ソフトHRMが人間を未開発の資源を有する可能性にあふれる存在であるととらえ，人間の尊厳性を見据え人間主義的視点を有している。Y理論や自己実現人ととらえているともいえよう。ハードHRMは，組織目的の手段としてとらえ，X理論，経済人モデルという労働者観を前提としていて，商品としての労働観を反映している[1)]。

ハードHRMそして戦略的人的資源管理の発展が，人間的存在としての視点を失わせてしまったとの論調は多い。ハードモデルは，人間が道具的(instrumental basis) に取り扱われ，労働者を商品として理解した伝統的な労働者観と相通じている[2)]。「経営戦略適合性」が，ヒトを戦略実践のための経営

表2.2　人的資源のテーマの時代的変遷の一例

	モチベーション 職務満足	コミットメント	エンゲージメント
注目された年代	1960年代 1970年代 欧米の工業発展の拡大期	1980年代 1990年代 戦後の高度成長期の日本的経営(雇用重視，労使の参画が前提)	21世紀 ニューエコノミー 新しい産業革命 IoT 人工知能との共生
モデル	欧米の大企業	日本モデル ハイコミットメント労働慣行	欧米の先進企業
キーワード	職務充実 労働の人間化	心理的契約 現場（GENBA) カイゼン	ミッション，ビジョン サーバント・リーダーシップ
課題	持続的な生産性や競争力につながらない	必ずしもコミットメントが生産性や競争力につながらなくなってきた	成果につながる変化が常に必要 人間主義的視点

出所：Huselid, M. A.（1995, pp.635-672)

1）岩出（2014）p.162，p.166参照。
2）岩出（2014，p.162）は，宮坂（2010）を引用してこの見解を紹介している。

資源ととらえるのではなく，意志と感情を持つ人間としてとらえ直すこと[3)]，効率と共に公正，持続可能性を両立すること[4)]，などが論じられ始めている。

参考文献

岩出博（2002）『戦略的人的資源管理論の実相：アメリカ SHRM 論研究ノート』泉文堂。

岩出博（2004）「経営戦略と人的資源管理」『人的資源管理：経営学部検定試験公式テキスト 5』中央経済社。

岡田行正（2008）『アメリカ人事管理・人的資源管理史』新版，同文館出版。

蔡仁錫（チェ　インソク）（2002）「経営戦略と人材マネジメント：戦略的人的資源管理論」石田英夫他著『MBA 人材マネジメント』所収，中央経済社，pp.36-44.

ウルリッチ D.（1997）『MBA の人材戦略』日本マネジメントセンター。

Barney, J. B.（2002）*Gaining and sustaining competitive advantage*, second edition, Prentice Hall, New Jersey.（邦訳：バーニー・ジェイ B.；岡田正大訳『企業戦略論：競争優位の構築と持続』上（2008 年）ダイヤモンド社）

Barney, J. B .（2007）*Gaining and sustaining competitive advantage*, third edition, Person Prentice Hall, New Jersey.

Barney, J. B. and Clark D. N.（2007）*Resource-Based Theory: Creating and Sustaining Competitive Advantage*, Oxford University Press.

Barny, J. B. and Wright, P. M.（1998）"Human Resources as a source of sustained competitive advantage", in Barney and Clerk（2007）.

Beer, M., Spector, B., Lawrence, P. R., Mills D. Q. and Walton R. E.（1984）*Managing Human Assets*, The Free Press.（邦訳『ハーバードで教える人材戦略』（1990 年）日本生産性本部）

Bloisi, W.（2007）*An Introduction of Human Resource Management*, McGraw Hill Education.

Boxall, P. F. and Percall, J.（2003）*Strategy and Human Resource Management*, Basingstoke, Palgrave Macmillan.

Bratton, j. and Gold, J.（2007）*Human Resource management: Theory and Practice*, 4th edition, Palgrave Macmillan, New York.

Fombrun, C. J., Tichy, N. M. and Devanna, M.A.（ed.）（1984）*Strategic Human Resource Management*, New York, John Wiley & Sons.

3）澤田幹（2016）p.217.

4）渡辺聰子他（2008）pp.25-30.

Guest, D. E. (1987) "Human Resource Management and Performance: a review and research agenda", *International journal of Human Resource Management*, 8-3.

Guest D. (2007) "Human Resource Management and Performance: A Review and Research Agenda", *International Journal of Human Resource Management*, 8, pp.263-276.

Huselid, M. A. (1995) "The Impact of Human Resource Management Practices on Turnover, Productivity, Corporate Financial Performance", *Academy of Management Journal*, 38, pp.635-672.

Norvicevic M. M. & M. Harvey (2001) "The Changing Role of the Corporate HR Function in Global Organization of the Twenty first Century", *International Journal of Human Resource Management*, 12, pp.1251-1268.

Pfeffer J. (1994) *Competitive Advantage Through People*, Harvard Business School Press.

Pfeffer J. and O'reilly Ⅲ C. O. (2000) *Hidden Value*: How Great Companies Achive Extraordinary results with Ordinary People, Boston , Harvard Business School Press.

Schuler, R. S. and Jackson, S. E. (1987) "Linking competitive Advantage with Human Resource Management Practices", *Academy of Management Executive*, 1-3, pp.207-209.

Schuler, R. S., Jackson, S. E. and Werner, S. (2009) *Managing Human Resources*, Tenth edition, international student edition, South-Western Cengage Learning.

Schuler, R. S., Jackson, S. E. and Storey, J. (2001) "HRM and its Link with Strategic Management" in Srorey, J. (ed.) (2001) *Human Resource Management*, A Critical Text (Second Edition), London, Thomson Learning.

Storey, J. (1989) *New Perspectives on Human Resource Management*, London Routledge.

Storey, J. (1992) *Development in the Management of Human Resources*, Oxford, Blackwell.

Srorey, J. (ed.) (2001) *Human Resource Management*, A Critical Text (Second Edition), London, Thomson Learning.

Wright, P. M., McMahan. G. C. and McWilliams. A. (1994) "Human Resources and Sustained Competitive Advantage: a resource-based perspective", *International Journal of Human Resources Management*, 5-2, pp. 301-326.

第3章
日本的雇用慣行と組織コミットメント

到達目標

○コミットメントの概念と企業にとっての重要性を理解すること。
○日本企業のコミットメント戦略を理解し，説明できること。
○コミットメントの源泉としての心理的契約を理解すること。
○組織市民行動の概念と重要性を理解すること。
○日本企業の強みとして，コミットメントと組織市民行動で説明できる。

【オープニング・エッセイ】

働き方の内実を決めるもの

「働き方改革」が話題になっている。働き方の背景には，人と組織の関係が関わっている。組織が人と関係を作る時，組織目標と人の目標を合わせてゆくことが必要になる。その目標のために，個人に動いてもらわなければならない。しかし，強制的に，個人をコントロールしてしまえば，人を手段として利用することになり，倫理的な問題が生じる。

個人に働いてもらうには，自由が保障される状況下で，その個人が自主的に行動を決定できるようにしなければならない。そして，能動的に働いてもらう環境を創ることが現代のマネジメントに要求されている。日本人は働きすぎと言われるが，心から喜んで働いている人の割合が，欧米諸国に比べて低いと指摘されている。

そもそも組織と個人は，別々の目的をもつ別々の人格を持つので，共通の目的を

達成するために，組織と個人は契約を結ぶ。それには，書面で明らかにすべき雇用契約のほか，明言されない暗黙裡の契約（これを心理的契約と呼ぶ）が大きく影響し，働き方の質を決めることになる。

より身近な言葉を使えば，組織と個人の約束の質が，働き方の内実を決めることになる。約束の中には，いろいろなものがあり，いやいや約束することもあれば，喜んで約束することもある。また喜んで約束する中にも自分の利益のために約束することもあれば，相手に貢献できることをうれしく思う約束もあるだろう。またいくら喜んで積極的に守ろうと思っても，時が経てば熱が冷め，全く約束を履行する姿勢がない場合もある。約束を守るという姿勢と行動が継続的に続かなければ，約束を守ることは難しい。このように，約束の質は，両者の往復作業で向上すると言ってよい。

人は，子供のころから，「ゆびきりげんまん」などで約束を守ることの重要性を学ぶ。約束を破ったら信頼を失う。しかし，長続きしない約束は破っても仕方ない場合もあり，むしろ約束で，人を拘束することはできない。

それでも，人が約束をして約束を守ろうと努力する姿には美しさがある。その約束の内容が自己利益を目的にするものでなく，他者や社会，世界のための目的なら，なおさら人に感動を与える。

このように，約束が自分を超える崇高な目的を持つとき，それは「誓い」となる。誓いを果たす行動は，約束を守る行動を超える。働き方も，人と組織の約束を守る往復作業を経て，さらに「何のため」の誓いの次元に至れば，思ってもみない充実と成果を創造できるはずである。

これがコミットメントからエンゲージメントへと働き方の内実を変革してゆく鍵となろう。

1. ハイコミットメント労働慣行

戦後日本は高度経済成長を遂げ，自動車産業や電器産業などの国際競争力は世界市場を席捲するようになり，Japan As No.1と題するハーバード大学のエズラ・ボーゲル教授の本がベストセラーになった。やがて米国などと貿易摩擦の問題が生じ，1985年のプラザ合意による円高もあり，海外直接投資で，企業が海外進出を果たしてゆく。米国は，日本の競争力の源泉を分析しながら，自国の競争力強化のための研究に力を入れるようになった。米国の競争力強化の国家的プロジェクトと言って良いMITのMade in America（1989）では，優良企業の事業活動パターンとして，**QCD（Quality，Cost，Delivery）**の同時改善，顧客との密着，供給業者との密接な関係，階層と部門数の少ない組織，革新的な人材育成など日本企業の得意とする項目に力点が置かれている。

戦略論の中で発展したベストプラクティス（最善の施策）を求めてゆくと，「コミットメントモデル」に行き当たる。これは**フェッファー**（Pfeffer, 1994）による研究が有名で，「人々と協働すること」が戦略的優位の源泉と見るものである（岩出，2004，p.29）。実証的な事例研究を基礎とすると，従業員の企業への献身的な行動を引き出すハイコミットメント労働慣行のシステムに持続的競争優位があると指摘している。

フェッファーは，持続的に発展している企業の共通の特徴が，人に内在する価値を活かす企業価値と慣行があることだと指摘した。彼が，以前より終身雇用システムと呼ばれた日本的人的資源管理を含めたモデルを念頭に置いていたことは明らかであり，80年代後半より90年代初頭にかけて，世界的に日本的経営や日本型雇用システムが，このハイコミットメント慣行の一例として脚光を浴びることとなった。

日本的雇用慣行の3つの特徴である**終身雇用システム，年功制，企業別組合**は，ジェームズ・C. アベグレン（Abbeglen, 1958）が指摘したものである。これらが，『OECD対日労働報告書』（1972年刊行）でも取り上げられ，日本的雇

表 3.1　フェッファーのハイコミットメント労働慣行と日本的経営の３種の神器

終身雇用システム		
雇用保障	長期的観点	多能的活用と訓練
年功制		
高賃金・平等化	象徴的な平等主義	内部昇進
企業別組合		
参加及び権限委譲	情報共有	前提的な理念

出所：岩出（2004）が Pfeffer（1994）を参考にして作成したものを，筆者が加工したものである。

用慣行における「**三種の神器**」と呼ばれるようになった。表 3.1 はフェッファーが指摘したハイコミットメント慣行が，この三種の神器のもとで特徴的に指摘されている日本的雇用慣行に含まれるものであることを示している。

2. コミットメントとは何か

図 3.1 のように，業績を左右する要素は，人の持つ能力（Ability）と労働意欲（Motivation）とそれらを発揮する機会（Opportunity）の３要素であると考えられてきた（Applebaum et al., 2000）。しかし，行動という観点から見ると，仕

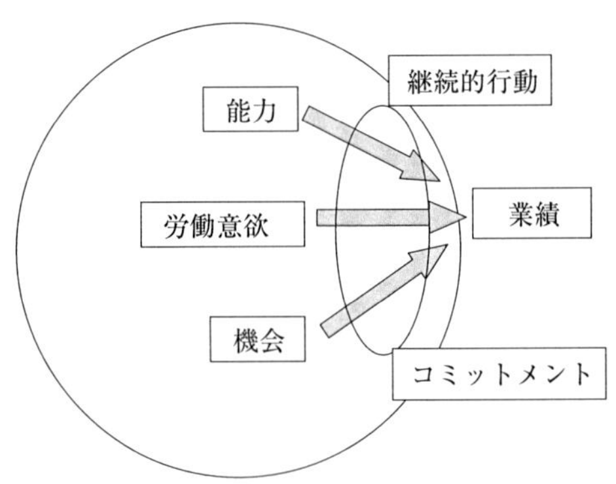

図 3.1　業績を左右する諸要素

事をしていることと上記の３要素が満たされていることとは，必ずしも一致しない。人が仕事をするとき，いつもモチベーションがあり，必要な能力があり，それらの発揮する機会があるわけではない。むしろ，仕事をするということは，これらの条件に関わらず，継続的な行動が必要であり，そのために仕事に対する姿勢において何らかの慣性が働いていると言えよう。

また，会社側からも意欲があるときにはよく働くが，意欲がなくなるとサボるのでは，継続的な労働サービスを提供することはできない。ムラなく継続的な仕事への態度が必要とされる。この継続的に仕事に積極的に関与する態度と行動が，**コミットメント（Commitment）**と呼ばれるものである。モチベーションは心理的な状態で継続するかどうかはわからない。コミットメントは，継続的行動を生み出すもので，経営にとってより重要なテーマである。このコミットメントを引き出す企業が，持続的な競争優位を生み出すとして，注目されたのである。

確かに，日本的雇用慣行は，労働者に対し長期雇用を通じて，能力の向上（職能），動機づけ，そして機会の提供を行うことによって，大きな業績につなげてきたと説明されてきた。しかし，これらを一時的，別々に扱うのではなく，恒常的総合的に活性化できる従業員の態度が重要である。人的資源管理の視点は，具体的な人間行動に焦点を当て，これらを継続的に引き出すことを可能にする「コミットメント」を引き出すシステムの重要性を強調する。

コミットメントは，仕事そのものの内容に関する**仕事のコミットメント**と，関わる組織に対しての**組織コミットメント**に大きく２つに分かれる。日本企業の特徴は，組織コミットメントを引き出すことにある。また，組織コミットメントは，所属する組織に居続けたい，組織と一体感を持ち愛着が強いという**感情的コミットメント**と，給料などの対価をもらうために関わったり，そのほかの何らかの必要があるために居続けたり，辞めると今までに身に着けた技能や経験が無駄になり，これまでの投資を無駄にしたくないというような**功利的コミットメント**がある。

コミットメントの強さを決める源泉は何かという議論の中で，有力視されて

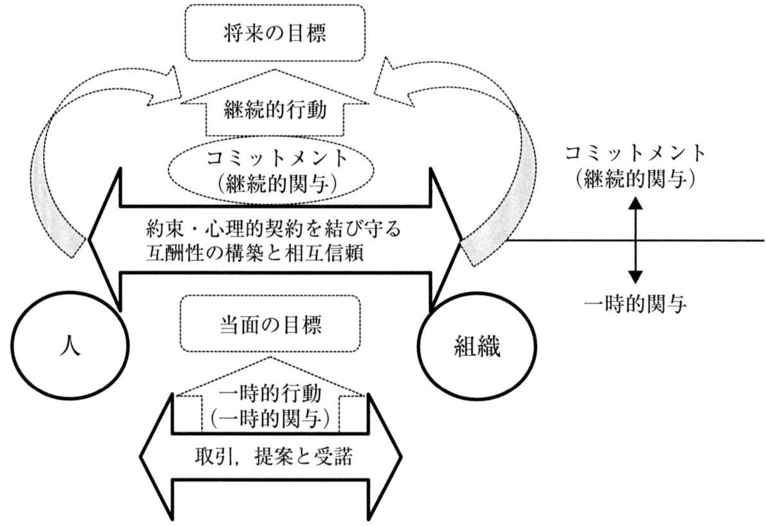

図 3.2　人の将来への目標へのコミットメントを生み出す約束と心理的契約

きたのが，**心理的契約（psychological contract）**である。図 3.2 は，コミットメントの概念を説明するものである。下半分の構図は，一時的な関与を表している。人にある目標のための行動を起こしてもらいたい時は，その行動への提案をして受け入れてくれるように一時的な取引をする。受諾が得られれば，その行動をしてもらえることになる。しかし，それは一時的なものであり，その行動を継続的に続けてもらえるかはわからない。

上半分の構図は，継続的な関与を可能にする図式を示している。人に継続的に何かの行動をしてもらうには，約束をして，その約束を守ろうとすることで実現できる。約束を破棄しないで，お互い守ろうと努力する中で，互酬性の構築と相互信頼が生まれ，コミットメントが維持される。この約束は，文書で交わさなくとも口約束だとしても有効である。これが，心理的契約という概念である。例えば，交換条件の約束で，Give and Take を決める雇用上の契約では，組織としての会社は，給料，訓練，労働者としての尊重などを提供し，従業員側は，努力，技能，職務への柔軟性などを提供する（図 3.3）。

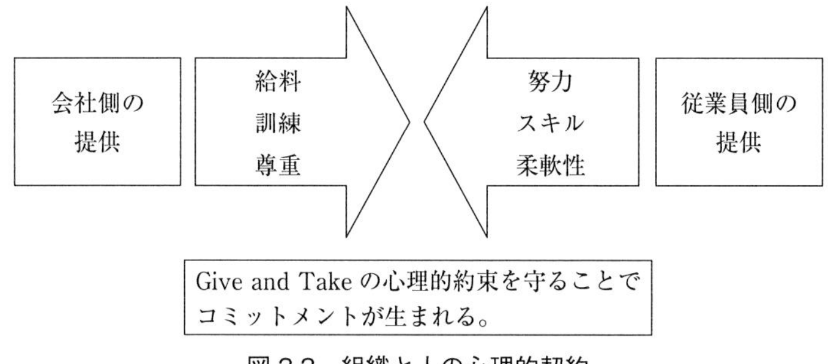

Give and Take の心理的約束を守ることで
コミットメントが生まれる。

図 3.3　組織と人の心理的契約

表 3.2　業務上と関係上の心理的契約

	業務上の心理的契約	関係上の心理的契約
時間	短期	長期
特定の程度	高い特定	ゆるい
交換される資源	目に見える 金銭的価値	目に見えない 社会・感情的価値
約束や交渉の明確さ	明白，公式な合意	不明確
例	業績給	雇用保障

また，表 3.2 のように，心理的契約には，業務上のものと，関係上のものがあり，日本企業の特徴である組織コミットメントの強調では，関係上の心理的契約が強く機能している。終身雇用制度は契約書を取り交わすことのない，非公式な長期の雇用保障を伴うものであるが，会社側も従業員側も暗黙にそれを前提としている。年功序列賃金も現実には例外はあることはわかっているもののなんとなくイメージとして双方が持っているものである。これが心理的契約からの期待になり，従業員のコミットメントの高さの源泉になっている。

3. 心理的契約としての日本的雇用慣行

高いコミットメントを引き出すために，日本企業は日本的雇用慣行（Employment Practices）という形で社員と心理的契約を結んでいるといえる。これは慣行であって，明示化された契約ではない。また，主に中核的労働力と期待される正社員を対象とした慣行である。

通常，正社員として新規学卒者の採用時は，文書化されない**期間の定めのない雇用契約**を結び，暗黙の了解として定年までの長期雇用が期待される。

日本企業にとって，高度成長期の労働力確保のために，安いコストで訓練可能性の高い新卒採用を基本とした長期雇用で労働力を確保した方が効率的であった。図 3.4 のように，その間の労働条件のイメージとして，年功序列で徐々に賃金が上昇し，長期にわたって雇用と生活の安定がはかられてゆく。

これは，以前は日本的雇用慣行の典型例であると説明されたが，多くの企業に当てはまらなかったり，もはや幻想であると批判されることもある。しかし，現実との多少のずれは問題ではなく，依然としてそのようなイメージの心理的

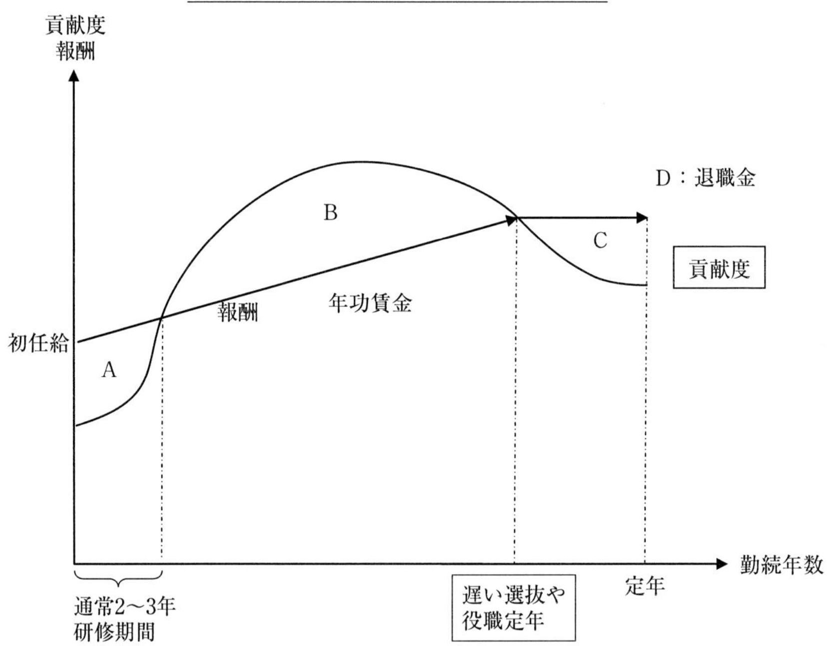

図 3.4　心理的契約としての日本型雇用慣行

契約を労使双方が結び，維持しようとしていることが重要である。この長期雇用によるコミットメントの向上には，労働者が置かれた社会情勢下での需要と期待にマッチさせることにより一層の効果を発揮する。戦後の日本において，一家の柱である男性労働者が長期にわたって安定した報酬を得て，また，住宅ローンの支払いや教育費に備えて中高年以降，高い収入が期待できる年功型の賃金を望ましいとする価値観が広がっていたのである。いわゆる**企業一家的経営（paternalistic management）**が望ましいとされた。今もその価値観が基本的に維持されていると言える。

また，図3.4は，企業側が，労働者の報酬制度の基本となる年功序列賃金と貢献度のカーブをずらすことにより，長期雇用を通じての労働コストの帳尻合わせをしていることを表している。この「ずれ」により，企業側は，長期的な人的資源へのコストや投資を回収しながら，雇用の安定に価値を置く戦後日本の従業員の期待に対応して，高いコミットメントを維持することができた。

この図は，組織コミットメントの動きを表すものとして理解されたい。まず，勤務経験のない新卒学生を社会的に標準化された初任給で採用する。これは，企業にとっては初任給の社会的標準化効果により，取引コストがかからず，安く若手労働者を調達できることになる。一方，労働者は社会人として初めて一定の収入を得ることによる満足感は高い。この期間は，若手労働者は即戦力ではなく，その貢献度は初任給水準より低い（図中Aの部分）が，新入社員訓練の一括的な提供により，貢献度は急激に上がる。しかし，賃金は緩やかに年功的に上昇するが，貢献度の上昇に追いつかない。この貢献度が賃金水準を上回る時期が，長く続く（図中Bの部分）。この時期は，極力，同期入社の中での選抜を遅くするなどして選抜によるコミットメントの低下を防ぎ，仕事自体の報酬（例えば，仕事内容の充実や貢献度が高いという「やりがい」の心理的充実感）でコミットメントを高める。

また，基本給以外の報酬であるボーナスや福利厚生（社宅など）を充実させることを通し，労働者の貢献度と収入への不満は低減される。そして，定年まで賃金水準は急激に下がることはなく，貢献度が低くなるリスクもある定年前にも一定の収入が確保できる。こういった長期にわたる雇用のイメージが，企業と従業員との間での心理的契約となり，従業員の高いコミットメントを引き出すことになる。日本企業は，長期雇用を通してこそさまざまな恩恵をもたらし，組織コミットメントを高めてゆくシステムを持つといえるだろう。

さらに，従業員の感情的コミットメントと功利的コミットメントの動きを表したものが，図 3.5 である。採用当初は，いわゆる勤務経験のない新入社員がフルタイムの仕事の現実にギャップを感じるリアリティ・ショックを経験する。しかし，その後，長期雇用による組織側からのさまざまな恩恵の提供で，組織との一体感と愛着を増し，感情的コミットメントは一貫して上昇する。また，長く貢献度が年功賃金を上回った状況が続き，定年まで長く働き年功賃金や退職金の果実を得られないと，長年の労働者の出資を回収できないことになり，中途でやめると損をするという功利的コミットメントも高まってゆく。

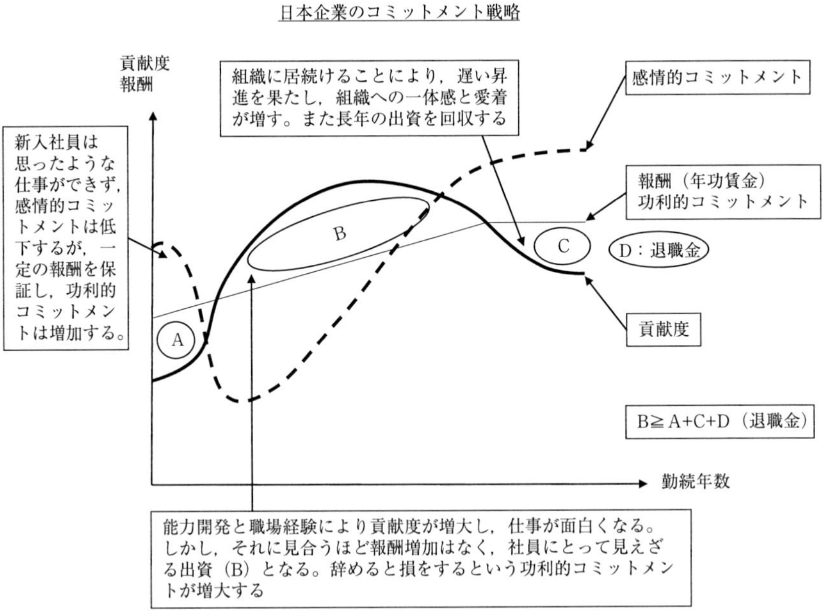

日本企業のコミットメント戦略

貢献度
報酬

組織に居続けることにより，遅い昇進を果たし，組織への一体感と愛着が増す。また長年の出資を回収する

感情的コミットメント

新入社員は思ったような仕事ができず，感情的コミットメントは低下するが，一定の報酬を保証し，功利的コミットメントは増加する。

報酬（年功賃金）
功利的コミットメント

B

C

D：退職金

A

貢献度

B≧A+C+D（退職金）

勤続年数

能力開発と職場経験により貢献度が増大し，仕事が面白くなる。しかし，それに見合うほど報酬増加はなく，社員にとって見えざる出資（B）となる。辞めると損をするという功利的コミットメントが増大する

図 3.5　日本企業における労働者のコミットメントの動き

このように長期雇用によるコミットメント向上モデルが，日本的雇用慣行にビルトインされている。これは日本企業の持続的競争戦略であるととらえることができる。

4. 日本企業のハイコミットメント形成

日本企業は，初任給から始まる年功序列賃金と貢献度の時間差により，従業員の感情的コミットメントと功利的コミットメントの形成を促している。そのコミットメントの見返りに経営者側は，従業員の雇用保障を最大の課題として守ろうとする。これは業績不振のときも極力，解雇を回避し，従業員の会社への一体感（感情的コミットメント）に応えようとする。

P. ドラッカーは，マネジャーに必要な天性の資質は **Integrity** であると指摘した。Integrity とは，真摯さ，誠実さと訳されているが，約束したことは守るという**言行一致**や長年培われた価値に裏打ちされた**一貫した行動**ができることをいう。いわば，**信頼の基礎**となる重要な要件である。

長期的な雇用慣行である心理的契約を履行しないとコミットメントは急激に低下する。図 3.6 にあるように，縦の線で表している時点で雇用が切られてしまったらどのような結果になるだろうか。従業員は，B で貢献した分を回収できなくなり，会社から裏切られたとの感が強くなろう。残された従業員も，会社や上司の Integrity のなさに失望し，コミットメントを急激に失い，競争力の源泉をなくすことになろう。

雇用を守るための出向という慣行がある。日本の大企業が，不況期にも解雇を最後まで回避し，たとえ社外に雇用の場を移さなければならない場合でも，出向や転籍などの便宜をはかり，雇用の継続に努力した。これは，心理的契約を守ろうとする姿勢の結果である。

雇用を守るために，出向元の大企業は協力企業へ出向させることにより，出向先で働く出向者の給料の大部分を負担する慣行が行われてきた。協力会社は，長年の関係から出向社員を受け入れるが，その見返りに雇用コストの負担

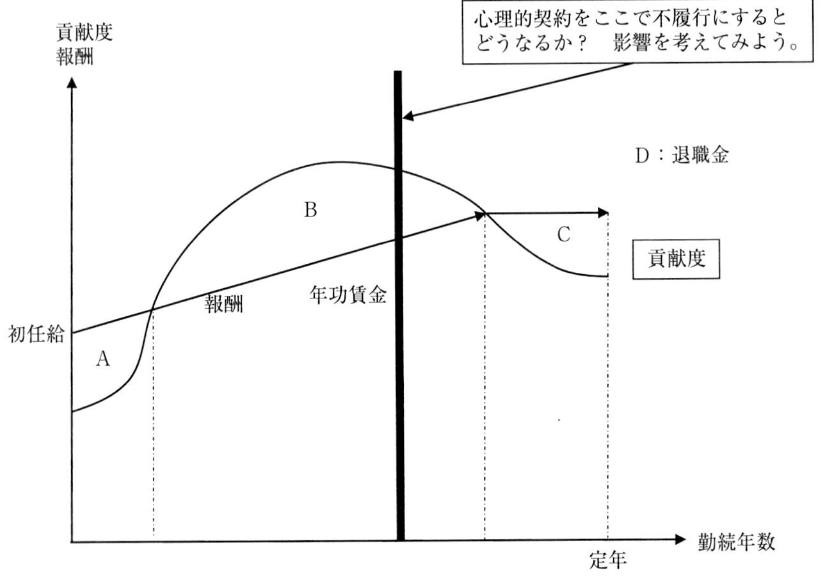

図 3.6　日本企業における心理的契約の不履行とは何を意味するか

を出向元の会社が持つのである。出向社員は，労働条件は下がるかもしれないが，最も重要な雇用は守られたと実感する。出向社員を出した企業で残された社員も，会社が雇用を守る努力をしたことを確認する。このことの最大の理由は，温情的なものではなく，従業員のコミットメントを維持するための心理的契約の履行を示すことであると考えることができる。

5.　感情的コミットメントの低下のリスク増大

日本の企業は，新入社員のリアリティー・ショック以降，勤続年数を経るごとに感情コミットメントは一貫して向上すると考えられてきた。これは昇進を極力遅らせ，遅い選抜により同期採用者間での競争をより長びかせる（加熱）。そして，昇進の選抜が行われて以降，自分の昇進が叶わなかったことを，同期への期待に転換（冷却）することによっても，継続的な感情コミットメントの維持と促進を行ってきたと指摘されている（竹内，1995）。

しかし，経済状況の変化にしたがって，企業の構造変革（リストラ）が叫ばれるようになり，社内しか通用しない技能へのリスク増大と，今までの技能が十分に機能しないという不安，そして成果主義による選抜の強化などが，組織に対する感情コミットメントを低下させてきた。感情的コミットメントは，雇用保障のような「未来に対する組織内での自信」から大きく影響を受ける。そのため組織へ依存していると，状況の変化によって感情的コミットメントが急速に低下する可能性がある。

加えて，選抜の強化やリストラにより，「**補欠のコミットメント**」（鈴木，2007）が薄れ，従業員の感情的コミットメントが低下していると考えられる。補欠のコミットメントとは，現在フルに活用されていないメンバーのコミットメントである。長期雇用の心理的契約は，環境変化が起こっても雇用保障を守ることが重要であり，その結果として，多少の余剰雇用のプールを抱えることが必然になる。しかし，この余剰雇用に配慮をすることは，従業員全体のコミットメントを維持するのに重要であるという根拠となる。

強いスポーツチームは，レギュラーメンバーが強いだけでなく，いわゆる2軍や3軍のメンバーも強いと言われる。名将といわれる監督やコーチは，レギュラーよりむしろ補欠を励ましコミットメントの維持に腐心するという。レギュラーに対しては，レギュラーであること自体が面白いのでコミットメントは自然にあがるという。

補欠（サブメンバーあるいは脇役）のコミットメントを高めると次のような効果が期待できる。

① レギュラーへのサブメンバーの強力なサポート。

② レギュラーに，うかうかしていられないという緊張感をもたらすこと。

③ レギュラーが代表していることの使命感を感じること。

また，環境の変化は常に起こるので，常に100％フル稼働の状況では，その変化に対応できず，変化に対応するためには，むしろフル稼働できなかったメンバーの活用が重要であるとする意見もある[1)]。雇用を維持することは長期的な人的資源の活用と育成につながり，持続可能な組織の成長のために普遍的な価値を持つものである。

【ケース・スタディ】

日本ビクターのVHS開発

日本ビクターは，ソニーが開発したビデオ規格を打ち破り，世界規格のVHSビデオ開発に成功した。余剰人員の呼称である窓際族や高卒の技術者を活用した日本ビクターの事例は，NHKの「プロジェクトX」にも取り上げられ，大きな反響を呼んだ。雇用を守ることで日本企業のコミットメントの強さを生み出す好例である。

後にビクターの副社長になった当時の高野事業部長は，社員と夢を共有して高いコミットメントを引き出しVHSプロジェクトを成功させた。自社の短期的利益ではなく，他社や協力企業も含め，夢を実現しようとした。最優秀でない平凡な人たちを通じて偉大な結果を示したといえる。その源泉は，高野氏の社員の雇用を守り，心理的契約を守ろうとする努力が，窓際族のコミットメントの強化につながり大逆転劇につながったのではないだろうか。

6. 日本的雇用慣行の戦略的意味

製造業を中心として広まった日本的雇用慣行は，従業員の高い組織コミットメントによって支えられてきた。これは，他国と比べて，大きなメリットを有する特徴となっている。長期雇用の下でのハイコミットメントは，模倣困難な会社特有の（company specific）持続的競争優位ともとらえられ，長期雇用をさらに促す仕組みを日本企業はあえて作ってきたといえる。退職金や永年表彰，年功序列賃金や昇進などは今でも根強い慣行として維持されている。いわば日

1） 蟻の研究は興味深い。蟻の7割は働かないらしいが，働きたくても働けないという。みんな働くとみんなが疲れ果て，誰も働けないときが来る。働かないものを含む非効率な組織こそ，長期的な組織の存続が可能になると指摘している。長谷川英祐『働かないアリに意義がある』（2010）メディアファクトリー，pp.72-75.

本的労働慣行は，資源ベース理論に基づく人的資源のハイコミットメントを維持するための競争戦略であるといえよう。

ここでは，国際比較の観点から，日本的雇用慣行が，高いコミットメントによる雇用システムと仕事（職務）のやり方において，さらなる強みにつながることを説明したい。

①　計画的な中核的人材の調達・育成・管理

戦後の人材難にあたり，多くの企業が学校の新卒の労働力を求めた。各企業は学校に在学中の学生に内定を与え，卒業と同時に仕事をはじめられるようにしたのである。

戦後の初期には，地方からは卒業してすぐに汽車にのって上京し仕事に就く集団就職の風景があった。この採用慣行により日本は，学校から就職（School to Work）がスムーズに移行し，先進諸国で大きな問題となっている若年失業者問題の深刻化を比較的回避しているともいえる。

その中で，勤務経験のない学生に対して，各社**横並び**で**初任給**を設定した。

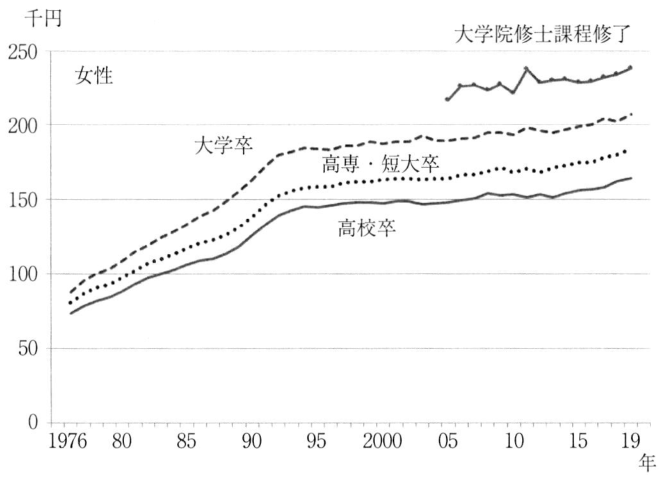

図 3.7　初任給の推移
出所：厚生労働省『賃金構造基本統計調査』。

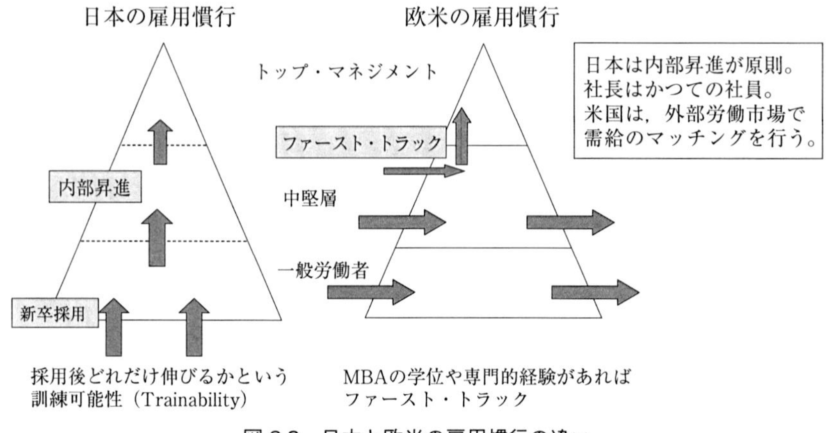

図 3.8　日本と欧米の雇用慣行の違い
出所：石田（1985, p.15）。

これは個別に報酬を設定する取引費用（transaction cost）を節約することができ，比較的安いコストで労働力を調達することできる。図 3.7 のように大学卒の初任給の推移を見てみても，大きな変化が見られない。特に 90 年代に入ってからはほぼ 20 万円水準で推移しており，2020 年まで上昇が抑えられている。諸外国に比べて若年失業率が極めて低く抑えられているのは，低い初任給で多くの新卒採用ができることが一因となっている。

図 3.8 は，日本の雇用慣行を欧米のものと比較したものである。日本では，新卒採用に当たっては，長期雇用制度を通じて訓練可能性の高い労働力を計画的に調達することを可能とする。ここでは，就職時期と初任給における**社会的標準化**によるメリットが大きいといえる。そして出口は，各企業とも定年を設定し，経営者層以外は定年をもって強制的に退職となる。新規採用を基本とした人材の雇用の入り口と，定年を基本とした人材の雇用の出口を制度化することにより，人材の計画的管理を行うことが可能になるのである。

このことにより，雇用の一律的一元的管理における**人事部**の果たす役割が大きくなる。入り口は人事部による**一斉一括採用**と呼ばれ，人事部による**一括**で，4 月 1 日（しがついっぴ）に**一斉**に採用される。初任給からのスタートとなり，定年による出口管理で終結する。一つの入り口と一つの出口が雇用調整にあたって想定される。また，一律的一元的な雇用管理や人材育成，長期間にわたる配置転換や出向・転勤などの調整を通じて，全体の管理と底上げを確実に行うことが可能となる。このように一律的一元的管理によりコストを節約しながら効率的な雇用管理が可能となるのである。

このように日本的雇用慣行は中核的労働者の採用後，内部昇進でマネジメント層を調達する。社長は元社員という形が一般的である。内部労働市場とも呼ばれている。一方，欧米，特に北米のモデルでは，一般労働者と中間管理職，そしてトップ・マネジメント層はまったく分離しており，その間の壁は大きい。外部労働市場を基本として，転職は前職のレベルの仕事を探すことになる。マネジメント層を目指すためには，ビジネススクールなどのプロフェッショナルスクール（専門職大学院）で**MBA（Master of Business Administration）**などの資格を取得することが優位になる。MBAや専門的経験を積むことが，管理職層への早道（ファースト・トラック）となるのである。

また，日本的雇用慣行は，管理職層の間断なき流れを作ることができ，これもまた日本的経営の強みになっているという議論がある。**野中郁次郎**らの『知識創造理論』は日本の組織の知識創造が，一般社員と上級管理者の間で情報をやり取りする中間管理職層によって担われると主張している。

仕事の現場で，暗黙知を共同化し，価値命題を「過去のしがらみ」を乗り越えて刷新する「暗黙知と形式知のダイナミックな連動」が中間管理職層で行われ，これが企業の知識創造のプロセスとして機能しているとする。この重要な機能を果たす**中間管理職層の間断なき調達**の流れを，年次採用を基本とする長期雇用システムが可能としている。

②　労働力の柔軟性を確保できる

図3.9は，日本の仕事が欧米の**職務（job）**と相違する点を表したものである。欧米の場合は，組織におけるある職務が空席になって，空席が出た部署が中心になって，その職務に就く専門の人を募集する。しかし日本の場合は，人事部

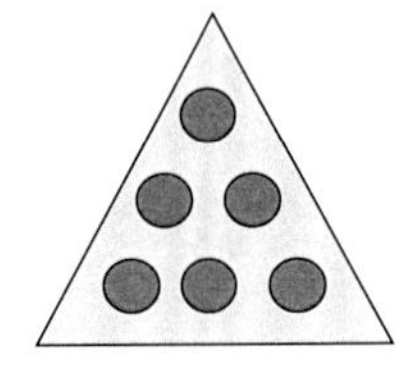
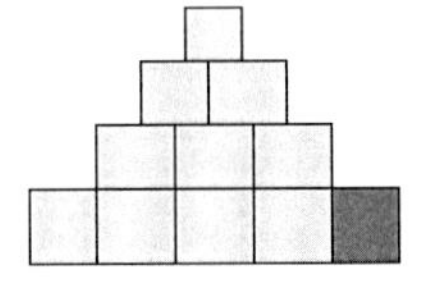

日本＝職務があいまい　　欧米＝職務が契約で規定

図 3.9　職務をめぐる日本と欧米の違い
出所：石田（1985, p.11)。

が一括して採用して，その後，各部署への配属を決め，人員配置してゆく。職務はあいまいで，さまざまなことをしなければならないという意味でジェネラリスト（総合職・一般職）指向であるといえる。

日本の学生の就職活動は「会社案内」を見ながら，どの会社に所属するのかを選ぶものである。技術職か営業職など大ぐくりの募集はあっても，職務内容を細かく規定して募集することは少ない。そういう意味では，職に就くのではなく，会社に所属するので，「**就社**」と呼ぶこともできよう（**メンバーシップ雇用**)。一方，欧米では，職業や職務によって労働条件などが決まっており，どこに所属するのかよりも，何の仕事をするのかで就職活動する。この職業は給料やそのほかの待遇などで企業横断的に共通な点が多い。組織コミットメントより，職務へのコミットメントが強く，職務内容について関心が高い（**ジョブ型雇用**)。

日本的職務配置では，構成員の機能的柔軟性（functional flexibility）が重要となってくる。企業は，定期的な配置転換などを通じて，多能な（Multifunctional）労働力を養成しようとする。構成員は関連した広い職務を経験し知識を習得でき，幅の広い一般的技能を身に付けることができ，柔軟に職務に対応できる。また，職場での OJT が中心となるため，それぞれの職場の特殊状況をふまえた上での訓練が可能となり，企業特殊的な技能を身に付け，企業特殊的な職務の需要に柔軟に対応することができる。また，このような幅の広い職務経験は管理職になる場合に生かされることとなる。

また日本的雇用慣行は，長期の経済の変動に対処するために，数量的柔軟性

(numerical flexibility) を必要とする。暗黙の長期雇用契約は，企業が雇用保障に優先的に取り組むことを意味する。それを担保として労働力の数量的柔軟性が中核的労働力に求められることになる。

ひとつは労働条件における柔軟性である。景気上昇期には，残業や有給休暇の未消化などの労働時間の増加，それに伴う残業代の増加，ボーナスの増加が基本給の上昇に比べ容易に行われる。それに対し景気下降期には，残業の減少とボーナスの削減が顕著に行われる。

また，労働力に優先順位をつけて雇用調整が行われる。景気下降期には，採用の抑制，アルバイト，パート，派遣社員の契約更新の終了などが話題になる。また，中核的労働者である正社員は，転勤，出向の可能性が検討されてゆく。

③　組織市民行動（OCB）の促進

グローバル化の進展による変化の激しい現代，世界のどの企業もそれに対応する柔軟性が必要である。特に職務の編成が硬直していれば，変化に対応することはできない。また，個の力を超えるチームワークの力を発揮させようとしても，あまりにも硬直した職務編成になっていると，仕事が分業化し，相互の相乗効果が期待できない。このような問題意識は欧米で強く持たれ，あらかじめ決められた職務を越えて課題に取り組むことを，**組織市民行動 (Organizational Citizenship Behavior：OCB)** と定義されている。

オーガンらによると組織市民行動とは，「契約している義務を超えて組織のために特別な行動を引き受けようとする労働者の行動」(Organ 他，2006) であると定義している。

これらの行動は，欧米においては職務契約を基本とする就業パターンからは生まれにくく，それが80年代に日本との競争に敗れた原因であるとの問題意識が広がった。日本企業がメンバーシップという価値観でこの行動を促してきたことに対し，80年代末に，欧米のシティズンシップという「市民」価値に重点を置く価値観の中で，納得のいく説明概念として，組織市民行動の概念が取り入れられた。従業員に職務遂行以外に，組織の市民として自由と責任を併

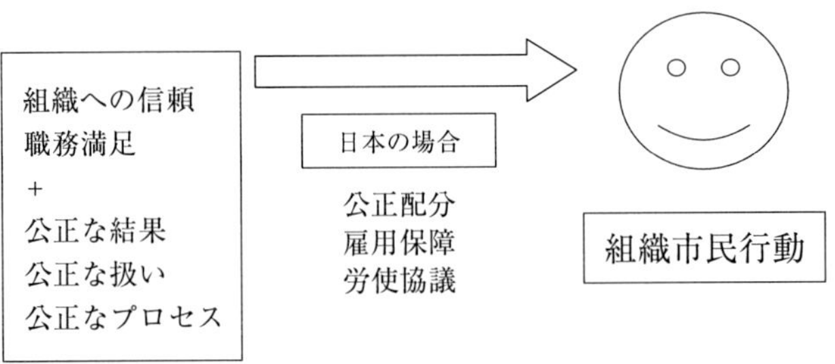

図 3.10　組織市民行動を促進する要因と日本の職場

せ持つ側面を明示化したのである。

ロビンス（Robbins, 2010）はこの組織市民行動を生み出すには，従業員の職務満足感と職場への信頼が前提となるが，それだけではなく，従業員が会社組織に対して，公正な結果，公正な扱い，公正なプロセスを受けていると認識しうるかどうかが重要な要件となると指摘している（図 3.10 参照）。

この点に関して，日本の職場で組織市民行動が促進されてきたことと併せて考えてみれば，これらの公正の要件が，戦後の日本の労使が一体となった**生産性運動**で掲げられた生産性運動 3 原則によって実現されてきたといえる。

生産性運動 3 原則とは，①過渡的な余剰人員に対して，可能な限り配置転換その他により失業を防止する措置を講じる，②労使の協力と協議，③生産性向上の成果は，経営者・労働者・消費者に公平分配される，というものである。

①の**雇用保障**については，日本の戦後の労働者が長期的な安定を望んだ中で，正社員すべてを雇用保障の対象にしようとしたことは，公正な扱いとして受け取られた。また，②の**労使協議**は，団体交渉や労使協議制を通じて，労使で広く情報共有しながら協議の機会を確保してゆく。これは公正な手続きを経て意思決定されていくとの満足感を与えるものになった。また，春闘などでの基本給の定期昇給に上乗せされるベースアップを通じて成果配分をしてゆくという平等的な配分が，日本の労働者にとって③の**公正配分**であるととらえられたのである。これは，結果的には年功序列賃金と言われるが，全員に公正に生産性の果実を配分したととらえられ，従業員の職務満足感の向上につながった。

人間主義的視点 ⇒ 日本は雇用保障，労使協議，公正配分を重視

政府の後押しで労使に広まった生産性運動に体現されるこれらの方針とその果実としての日本的雇用慣行が，労働者に対する公正感を促し，組織市民行動の促進につながったと考えられる。この運動は，世界に大きな影響を与え，各地で生産性本部を設立してゆくことにもつながった。日本的特殊性はあるものの，人間主義的視点を持った普遍的な広がりを持つものといえよう。

【ケース・スタディ】

日本マクドナルドの定年復活

日本マクドナルドは，2006年に定年制を廃止した。実力主義の意識を高めることが目的だったが，ベテラン社員が成果を上げることを優先し，若手社員の育成がおろそかになり，ノウハウの伝承が進まなくなった。同社は2012年に定年制を復活させた。原田社長兼会長（当時）は，「定年制を復活させることで，人を育てる文化を再度築きあげる」と説明した。（J-Cast ニュース）

④　日本の職場訓練とコミットメント・モチベーションの好循環

生産性運動が広がるにつれて，企業別組合を中心に労使の相互信頼がはかられ，組織市民行動は促進されていった。これにより日本の労働者が，高い生産

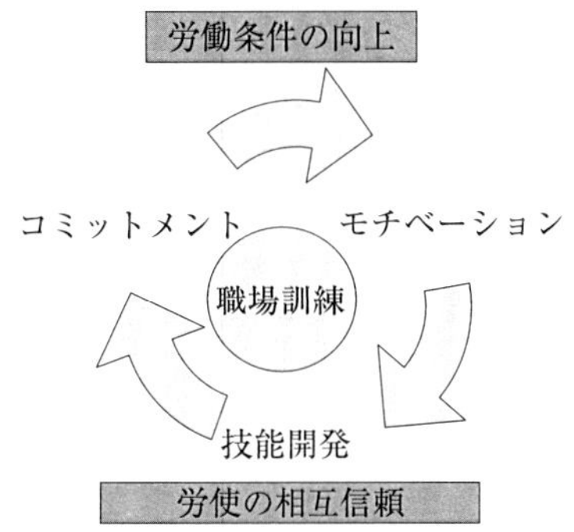

図3.11　職場訓練における良循環の構築

性と高い品質管理を実行することが可能となり，「現場力」と表現される模倣が困難な持続的競争優位の源泉を形成してゆくことになった。現場労働者が，個人の技能向上をはかるのみでなく，現場を通じたチームワークを発揮するために「学び合い教えあうネットワーク」を形成することができたのである。

日本的雇用慣行は特に現場での職場訓練を重視する。**OJT**（On the Job Training）による職場訓練は，コストが節約できると同時に，市場の動向につながった訓練や，実際の職場で活用されている技能訓練がしやすい。図3.11は，職場訓練が長期雇用を前提として企業に根づくための良循環を構築することを図示したものである。職場での技能開発のためには従業員の技能開発に対するモチベーションと，そのための職場や仕事へのコミットメントの循環的連関が必要であることを示している。それを可能にするには，労働条件の向上と労使の相互信頼が基盤になっていることが前提となる。

以上のように日本的雇用慣行は，現場の職場訓練を効果的に機能させ，高い生産性と品質管理の活動をムダなく現場で実行することができた。これは特に生産現場でむだのない生産という意味の**リーン・プロダクション**（**Lean Production**）と名づけられた。以下はその主な特徴をまとめたものである。

(1) 多能的技能の修得：知的熟練を身に着け，長期にわたるさまざまな知識と能力および経験を蓄積できる。異常への処理，不良品に対する対処を労働者レベルで行える。

(2) 現場での技能開発：職場の同僚から効率的，効果的に技能の伝播が行われる。

(3) 低いコストでの人材育成：職場訓練が最も安価で効率的な訓練方法である。

(4) 細部へのこだわり：現場で**5S**（整理，整頓，清掃，清潔，しつけ）を徹底することにより，生産性向上と安全な職場を実現した。

7. 日本的雇用慣行の比較優位と課題

これまでをまとめると，表3.3のように，日本的雇用慣行は組織と労働者が交換する心理的契約を結んでいるといえよう。この心理的契約によるハイコミットメントにより，比較優位を持つ強みを象徴的に表しているのが，**カイゼン**である。カイゼンとは，**イノベーション（innovation）**の概念と比較され，英語に訳せない日本語として世界に広まった用語となっている。図3.12にあるように，生産性をあげるには，技術や組織，製品の革新を恒常的に起こしてゆくことが期待される。日本の職場の現場力は，労働者のハイコミットメントを活用し，日常的に持続的な改善（continuous improvement）活動を通して，生産性を向上させる。5S活動，品質管理活動（QCサークル）や，ZD（Zero-defect）運動など，小集団活動は組織市民行動の典型例であるといえる。

労働者の心理的契約によるハイコミットメントの創出や，労働者の経営に対する公正な認識を促進することによる組織市民行動の創出は，生産性や国際競

表3.3　日本的雇用慣行の心理的契約

企業側が提供するもの	労働者側が提供するもの
雇用保障	組織コミットメント（一生懸命さ）
年功賃金	柔軟な部署移動
会社主導の技能向上	OJT 職場訓練による効果的技能開発
公正な扱い	組織市民行動

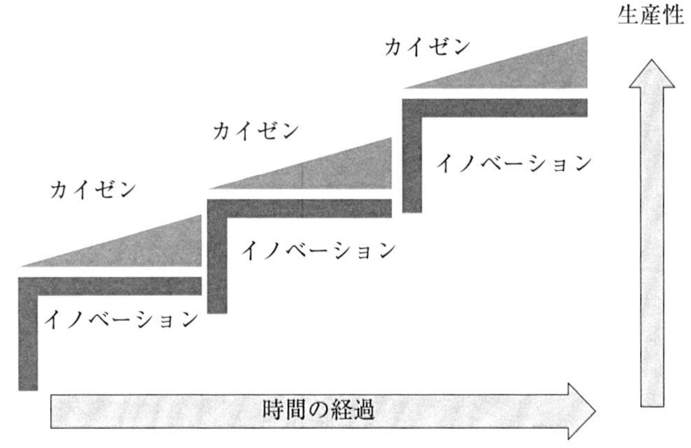

図3.12　カイゼンとイノベーション
出所：今井（1988, pp.85-86）をもとに作成。

争力を高めるために大きな示唆を与えるものである。これらは日本の職場文化だけではなく，日本企業のグローバル化に伴い，現地への移転や適用可能なモデルとして構築し説明をしてゆく必要があろう。

一方，時代の変化の中で，守るべき価値と変えるべき価値を明らかにすることが重要である。終身雇用は終焉したかどうかの判断は重要ではなく，競争優位の源泉を見据えつつ新しい状況に対応するために制度の更新をし続けることが重要である。日本的雇用慣行も多くの課題に直面している。

第1は，産業構造の転換など環境の変化時においては，長期的な雇用計画が立てにくく，人事部による一律一元的管理ができにくくなる。また，労働者の価値観やライフスタイルの変化によっても，一律一元的管理がしにくい。個別管理の必要性が増大しており，優秀な個別人材を引き留める新たな管理手法の導入が課題となっている。

第2に，必要とされる技能のライフサイクルが早まることにより，長期間の技能形成が必ずしも有効でなくなる。長い期間にわたる訓練コストを回収できなくなる可能性が出てくる。それを避けるため，即戦力的な技能を持つ労働者が必要になる。

第3に，業務の専門化により，労働者の機能的柔軟性よりも，専門的技能の深化が問われるようになる。専門職のキャリアパスを構築する必要がある。

第4に，経済の成熟期や景気下降期においては，労働力の再配置の余地が少なくなり，幅の広い職務を前提とした機能的柔軟性や対応力がそれ程必要でなくなる。また，中核的労働力の全体が管理職に昇進できなくなり，一律一元的管理ができない。これらによるコミットメントの低下がさまざまな面で悪影響を与える可能性が高まっている。

特に組織コミットメントは，どうしても組織依存になり，言われたことはやるが，成果のために自律的に動くという面については弱い。また，関与の仕方にもレベルがあることがわかってきた。コミットメントという関与の仕方より，より高い理想や目的を踏まえ，大きな描画のもと自主判断で創意工夫しながら約束を果たすという高いレベルの関与の仕方も考えられ，このような関与の仕方が**エンゲージメント（Engagement）**である。成果につながる主体的かつ自律的行動として，従業員のエンゲージメント指数を計るという試みも出てきた。多くの国際的調査で，この観点からは日本企業は低く評価されている。日本企業もエンゲージメントの観点から再構築が求められていることは間違いない。

参考文献

石田英夫（1985）『日本企業の国際人事管理』日本労働協会。

今井正明（1988）『KAIZEN カイゼン』講談社。

岩出博（2004）「経営戦略と人的資源管理」『人的資源管理：経営学検定試験テキスト7』。

鈴木竜太（2007）『自律する組織人』生産性出版，pp.122-131。

竹内洋（1995）『日本のメリトクラシー』東京大学出版会，pp.73-78。

野中郁次郎・竹内弘高（1996）『知識創造企業』東洋経済新報社。

Abbeglen, J. C.（1958）*the Japanese Factory: Aspects of its social organization*, Glencoe, Illinois: Free Press.（山岡洋一訳（2004）『日本の経営（新訳版）』日本経済新聞社）

Applebaum E., Bailey T., Berg P., Kalleberg A.（2000）*Manufacturing Advantage: Why high-performance systems Pay Off*, Ithaca: ILS Press.

Murton A., Inman M. Osullivan N.（2010）*Unlocking human resource management*, Hodder Education.

Organ, D.,Podsakoff, P. M. and MacKenzie, S. B.（2006）*Organizational Citizenship Behavior: its nature, antecedents, and consequence*.（邦訳，『組織市民行動』（2007）白桃書房）

Pfeffer J.（1994）*Competitive Advantage Through People*, Harvard Business School Press.

Robins, S. Judge, T.（2010）*Essentials of organizational Behavior*, tenth edition, p.81.（邦訳：高木晴夫『組織行動のマネジメント』ダイヤモンド社，p.44）

第4章
人事制度と雇用管理（職能資格制度）

到達目標

○人事制度の概要を理解すること。
○日本の人事制度の中核にある職能資格制度について理解すること。
○採用について，日本企業の特色を基礎に理解すること。
○人員配置，定着，退職までのプロセスを日本企業の特色を基礎に理解すること。

【オープニング・エッセイ】

EQ 感情の知性

ハーバード大学教授だったダニエル・ゴールマンが 1995 年に著した『感情の知性』（邦訳『EQ こころの知能指数』講談社）は，自制や共感力などの重要性を説得力をもって世界に知らしめた。日本では IQ と対比して EQ という造語が広く使われているが，原語は「感情の知性」（EI）である。心の一部である感情は，心理学とともに最近の脳・神経学の発展で科学的な研究が進み，その機能と重要性につき，かなり客観的に解明できてきた。この著作は，これら最新の研究成果をわかりやすくまとめたもので，アメリカでまたたく間にミリオンセラーになり，日本国内でも 100 万部近く売れた。そして特に反響が大きかったのが，ビジネス界であった。組織を動かし仕事をする中で，感情の知性の重要性について大きな共感が得られたのだろう。

このためゴールマンは，98 年に『職場の感情の知性』（邦訳『ビジネス EQ』東洋経済新報社）を発刊した。これらの著作では，考える知性と感じる知性は対立するものではなく，双方のバランスが大事で，感情の知性がなければ才能を十分に活かせないことを証明する。理性と感情は互いに補い合う。そして人の成功にはIQよりも，「感情の知性」が大きく影響するという。

感情の知性に本来，男女差はない。しかし，男女を取り巻く環境の差が，一般的に女性を感情の知性において優勢にしているという調査が多いという。例えば共感力である。最初の共感力の差は，女性の方が感情を表現する言語能力が早く発達することから生じる。男性は，むしろ感情を口にだすことがあまり奨励されない。これは対立した場合の反応をみると，わかりやすい。女子が仲間はずれ，陰口など感情が入り組んで表現される攻撃をしかけるのに対し，男子は情緒面であまり深入りせず身体的な反応に走りやすくなる。

13歳ごろには，この差が顕著になる。女子は親しい小グループを作り，その中で敵対する場面を意図的に避けるようになり，男子はもっと大きな集団の中で競争して育つ。その結果，女子は親密につながった集団の一員であることに誇りを持ち，それを引き裂くものに脅威を感じる。男子は，自主独立を重んじ，束縛するものに「つっぱる」。その結果，女子の方が情緒的なつながりに敏感になり，感情のサインを読み取り，感情を表現する能力に長けていく。また，社会において女性が受けてきた不平等な扱いが，奇しくも女性の共感力を高めることにつながった。

パワーを持った人は，相手に対して感受性を発揮する義務を感じない。むしろ冷たい態度を保つことが権威を守ることになる。反対にパワーを持たない側は，パワーを持っている人の感情を十分に読み取ることが期待される。結果として，いじめられた側は共感力を身に着ける。しかし，共感力だけでは十分ではない。感受性が強すぎると「うつ」になりやすい。感情は伝染するからだ。統計的には男性よりも女性がうつ病になる人が多いという。だが，悲観する必要はない。苦悩は財産である。要は，反転する力，別の感情の知性である「希望を持ち続ける力」を発揮するかどうかである。そして，周りに良い影響を与えていく対人能力を身に着けていくことである。感情の知性は男女平等であり，互いに学びあうことができる。

SOGI（性的指向・性自認）をふまえたLGBTQI＋（性的少数者の総称）への対応も人事に求められている。多様性を前提とした新たな人事制度構築に，感情の知性はますます重要な要素となろう。

1. 人事制度

組織を運営してゆくには，組織の基本構造を作る制度を設けなければならない。企業においては，まず従業員を横軸のカテゴリー別に分ける社員区分が必要となる。また，それぞれの社員の縦軸にランキングをつける格付けも必要になってくる。人事制度は，この社員区分と社員格付けを基盤としながら，従業員の組織内における位置づけや能力，役割などを定義するものである。

図 4.1 は一般的な企業の例であるが，社員区分には多様な形態があり，企業はこの多様な労働力をポートフォリオとして管理してゆくことになる。正社員は，仕事内容と期待されるキャリアに従って**一般職**と**総合職**に分かれる。大企業では，総合職は転勤を前提とすることから，転勤をしない**地域職**（または地域限定職）という名称も使われ始めている。

直接雇用では，正社員の他に，**非正社員**と言われる期限付きで柔軟な仕事を

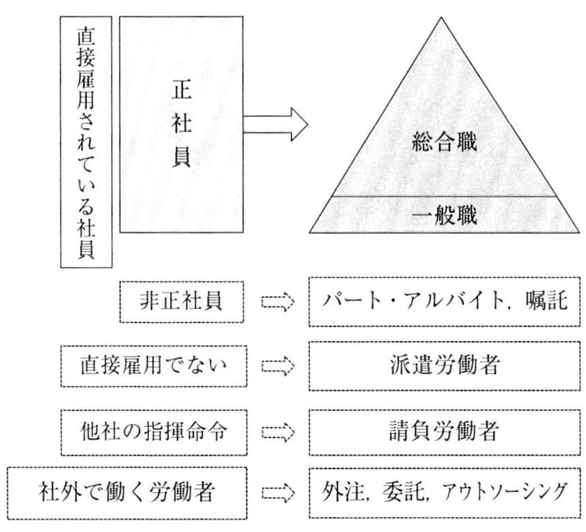

図 4.1　多様な労働者のポートフォリオ
出所：今野（2008, p.36）。

行う**パート**，**アルバイト**，**嘱託**などという呼称で雇用される従業員がいる。また，派遣会社が雇用して派遣し，派遣先で指示命令を行う**派遣社員**や，請負会社が雇用し，請け負った仕事を請負会社が指示命令する**請負労働者**というカテゴリーもある。社外で働く労働者として，**外注**，**委託**，**アウトソーシング**と呼ばれる形態も存在する。

次に格付けは，職務のポジションを表す**職位**や**職階**が普通であるが，日本企業の多くは，それに付け加えて，後述する**職能資格制度（skill-grading system）**の導入により職能という格付けがなされる。

先述したように，日本の企業は，組織に所属する正社員に対しては，人が仕事をつくり，人に職務をつける属人主義のアプローチをとる。これは，欧米の仕事に人をつけるという職務中心のアプローチとは違う。その意味で日本の人事制度の編成基準は，人間中心主義と呼ばれることもある（谷内，2004，p.41.）。そのため，職務ごとに細かくカテゴリー分けしないで共通のプラットフォームを構築している。人事制度のプラットフォームとして位置づけられるのが職能資格制度である。

1．1　人事制度の中核＝職能資格制度

図 4.2 のように，職能資格制度は，人事制度の中核になるものであり，人事

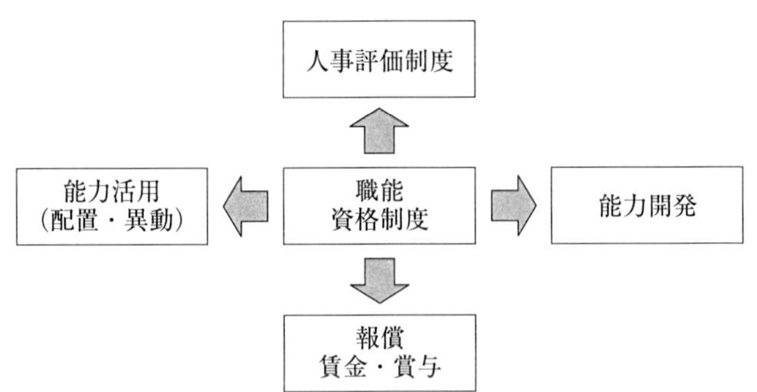

図 4.2　日本的人事制度の全体フレーム
出所：谷内（2000, p.152）。

評価，報酬，配置などの能力活用，そして能力開発につながる重要な制度である。

職能とは職務遂行能力の略であり潜在能力ということもできる。職能とは英語で skill にあたり，身に着いた能力のことをいう。外的存在である技術（technology）とは分けて認識されるものである。日本企業の人事制度の中核的長期雇用システムの中で，望ましい職務遂行能力をレベル分けして社内資格の等級を設定し，格付けをする（skill-grading）。

図 4.3 は，職能資格制度の概要を示したものである。職位は職務のポジションでいわゆる役職によってランキングしたものであるが，職能資格はそれとは別に社内で望ましいとされている潜在能力のランキングとして設定されている。この職能資格は賃金レベルと直接リンクしている。

当然，従業員は，報酬と職能レベルを結びつけることにより，職階に関係なく，職能レベルをあげようと意欲的に能力開発に取り組むことになり，企業は

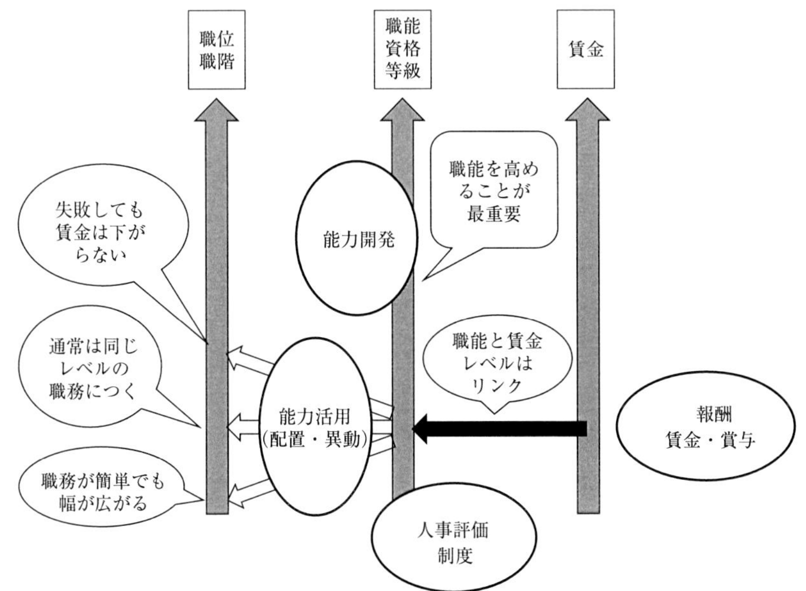

図 4.3　職能資格制度の能力開発促進の仕組み

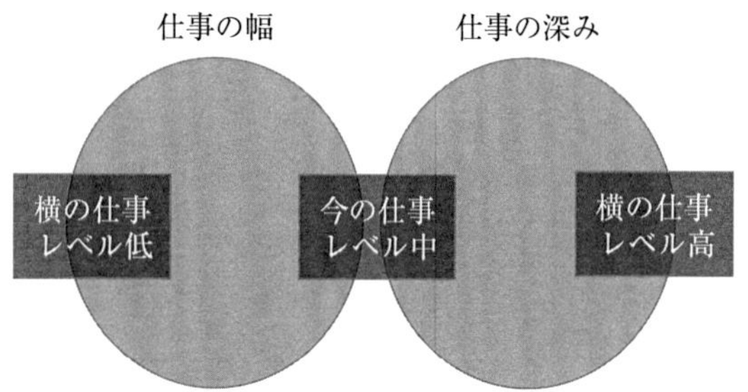

仕事の構成を理解し，問題に対処（コントロール）
できるようになる。

図 4.4　職能資格制度の能力向上で意図する現場力の強化

効率的に従業員の能力育成をはかることができる。

図 4.4 に示されているように，現場力を発揮させるためには，従業員一人ひとりが職務を遂行する上で，仕事の幅を広げ，深みを経験しなければならない。職務の難易度が低くても，関連職務を幅広く経験することは，異常時などへ適切に対処できる多角的な技能と知識を身に着けることにつながる。また，職能より高いレベルの職務を経験することは，職務の深みを知るチャレンジになり，一段上の能力をつけるために必要であろう。ある一定の職能レベルに到達していれば，さまざまな職務を経験することに対して抵抗感なく取り組むことができ，また職能資格をあげるためには種々の配置転換にも応じようとする。

例えば，異動により，新たな職務に就くと，慣れない仕事をすることになり，成果をすぐに出すことは困難であろう。それを理由に評価や報酬が下がれば，社員は異動に対し抵抗感を持つようになる。しかし，職能資格は，短期的で顕在的な成果を評価するのではなく，長期的潜在的な能力を評価しているため，リスクを恐れず能力向上のために挑戦する姿勢を涵養することができる。

また，横の仕事を経験することは，水平的職務充実（horizontal job enrichment）につながり，深みのある縦の仕事を経験することは垂直的職務充実（vertical job enrichment）につながり，仕事への動機づけ要因となる。

図 4.5 にあるように，職位と職能（資格）は対応関係にあるが，職階の中の

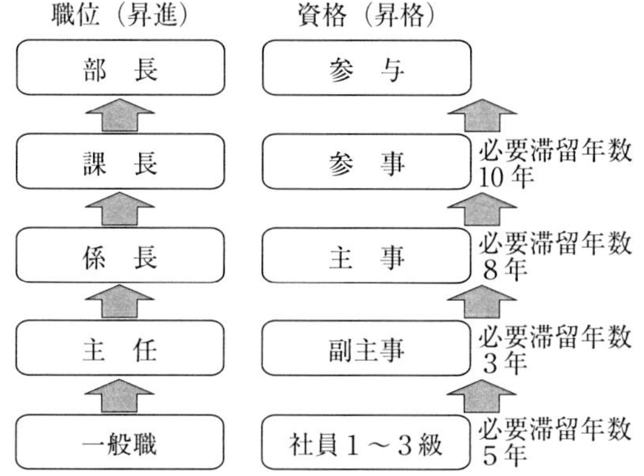

図 4.5　必要滞留年数と昇進・昇格の例
出所：木谷（2014）。

職位が不足して例えば課長に昇進できない参事がいたとしても，降格させる必要性はない。基本的に職能資格には降格はないのである。また，人事部主導で定期的な配置転換ができ，機能的柔軟性を持つ人材活用を組織全体として行うことができるのである。

資格等級基準を明示化した職能給と結びつけることにより，最も大事な目標が職能をあげることになり，従業員の納得性を高め，公正な処遇であると感じさせる公正な人事制度（評価，能力活用，能力開発，報酬）につながる（谷内，2004，pp.44-46）。ただ，この制度は，社内で望ましい職能資格の等級基準を設定できるかどうかを前提としている。

この職能資格制度は，「社員の成長に視点を置く人間基準」（木谷，2014，p.48）を基本理念とする評価があり，これは人間主義的視点にも通じるものと言える。その理由は，「社員に対して雇用を保障し，そのために生涯を通じての能力開発を重視し，会社は個人の能力を活かすように配置し，その能力に基づいて格付けと処遇を決める」ことにあるという。人材の能力向上を促進し，それを通して企業成長に貢献する仕組みとして評価されている（木谷，p.49）。

人間主義的視点 ⇒ 社員の成長に視点を置く

1．2　職能資格制度とコンピテンシー（成果を生む行動特性）

市場の変化が激しい時代になって，高い成果を生むためには，あらかじめ決められた一定の高い職務遂行能力（職能）を持っていれば良いという方程式は通用しなくなった。高い成果を生むためには，成果を生む行動特性を示したコンピテンシーが強調されるが，それぞれの職務ごとにそうした行動特性は変わってくる。そのため，それぞれの分野での高い成果を生む人々（ハイパフォーマー）を選び出し，その人々の**行動特性**を分析してコンピテンシーの詳細な項目を特定することが，変化する市場で高い成果を生むために不可欠であるとの認識が広がった。このコンピテンシーを，人の評価基準にし，それを報酬や人材調達，育成に役立てる人的資源管理のサイクルにのせることが強調されている。

このコンピテンシーは，職種や業種によって多様なだけでなく，各企業においても独自の多様な集団としてのコンピテンシーが設定されている。競争優位を持つ集団的に中核的な能力をコア・コンピタンスと呼ぶ。他社との競争に勝つためには，まさにこの各企業が独自に持っているコア・コンピタンスを追求することが必要となる。競争優位を保つための鍵となるのである。

職能資格制度は，職務遂行能力という潜在能力を評価し，それを格付けして，その能力を開発するための自主努力を促すものである。それに対し，コンピテンシーは，能力が成果に結びついた顕在化した部分を明らかにしようとするものである。双方とも人の能力を判断するものであるが，単純化して言うと，職能資格は，長期的に成果が期待できる潜在能力を評価し，コンピテンシーは短期的に成果が期待できる顕在化した能力を評価するものといえる。

現在，世界的にコンピテンシー導入が大きな課題となっているが，すべてをコンピテンシーで計ろうとすると問題が多い。ハイパフォーマーの行動特性も，所詮は直近の過去の分析であり，将来的に成果につながるとは限らない。

長期的な能力と短期的な能力の観点から，その時々の状況に応じて双方のバランスを考えてゆくというのが実態であろう。

日本の大企業は，大半が長期雇用を前提とする雇用を維持している。長期雇用を前提にしたコミットメントをいかに維持しながら，人の成長に関わる新たな指標を見出し，人事制度に取り込むかが大きな課題となっている。

1．3　内部労働市場と人事制度

日本企業の人事制度の特徴と強みは，**内部市場**の機能によって説明されうる（Doeringer & Piore, 1985）。外部労働市場は市場原理が優位に働くが，企業の内部労働市場において採用，選考，訓練，退職などのコストが外部労働市場に比べて低くなれば，内部労働市場における人事制度が雇用の安定のもとに維持されていくという説明である。

内部労働市場の機能がうまくいけば，労働者は外部労働市場からの悪影響を避け，年功的な報酬や昇進，配置転換などで優位性をもつことができる。企業側も，OJT により企業特殊的な技能を保持することができ，心理的契約におけるコミットメントの強化を通じて競争力を高めることができる。内部労働市場の機能によって形成された人事制度や慣行は企業を超えて広がっていき，これが新卒採用，定期的配置転換，OJT，定年による退職など日本的雇用慣行の形成につながったと考えられる。

2. 雇用管理

企業は，ある人に報酬を払う代わりに，その人が労働者として仕事に従事するという個別の労働契約を結ぶが，通常，労働者は複数存在するので，労働者と集団的に**雇用関係（employment relations）**を維持している。この雇用関係において，労働者の労働条件を定めることが重要で，法令は次の点について文書で明示することを求めている。①雇用契約の期間，②就業する場所と従事する業務，③始業・終業時刻，所定外労働時間（残業）の有無，休憩時間，年次有給休暇などの休暇，交代勤務に関すること，④賃金の決定方法，計算，支払方法，昇給に関すること，⑤退職に関すること，である。

労働条件の明示は，次の4つの文書によって規定されることになる。**労働契約（labour contract）**は，個別に労働条件を決めるものである。**就業規則（work rule）**は，個別ではなく集団的統一的な労働条件を示し，法令を遵守する最低基準としての働きを持っている。職場に労働組合がある場合には，使用者と労働組合が**団体交渉（collective bargaining）**を通じて，**労働協約（collective agreement）**を結ぶ。この労働協約における労働条件は，労働契約や就業規則よりも効力を持つ。そして，最低賃金法など，法令が直接労働条件を決めることもあり，これを下回った労働条件は無効となる。

したがって，労働条件を決める効力の強さは，**法令＞労働協約＞就業規則＞労働契約**の順になる。これらは，「労働は商品ではない」との原則を示すための労働基準であり，法令によって最低基準を確保し，最低限の労働基準の明示をそのほかの取り決めによって要求するものである。

市民法（狭義には民法）では，「契約の自由」の原則があるが，労働者を保護し，権利を守るという観点から，この市民法原理を抑える原則を持つのが労働法である。採用に対しても労働法は，差別の禁止，法定雇用率の設定による障害者促進，外国人に対する就労規制がある（西川，2010，pp.79-86）。

雇用関係を構築するための雇用管理は，3つのプロセスが重要となる。図4.6にあるように採用，配置・異動，退職・解雇の3つの分野で構成される。次にこれらを見てみよう。

図4.6　雇用管理のプロセス

3. 採　用

3. 1　人的資源の調達と定着

一般にマネジメントシステムとは，計画（Plan），実行（Do），評価（Check），改善（Act）のサイクルをまわしてゆくことを言う。まず計画がなければ，このサイクルをまわすことはできない。

人を採用し，そして退職まで管理することはその場限りで行うものではなく，組織の目的に合致した長期の経営計画に従って行うものである。世界的に好況期にあった1960年代には，いかにして多くの**労働力（Manpower）**を調達するかということに重点が置かれ，70年代から90年代の経済の不安定期には，労働力のダウンサイジングが課題となった。これらの時代には，労働力の量的な側面に焦点があてられ，労働力計画（Manpower Planning）と呼ばれる。その後，より質に焦点をあてたアプローチが生まれ，従業員のニーズに焦点をあて，その可能性を引き出すという考え方を持つ**人的資源計画（Human Resource Planning）**という呼び方であらわされるアプローチが出てきた。後になると，より戦略的な労働力計画という意味でWorkforce Planningと呼ばれることもある。また近年，会社の重要な資産となる有能な人材を**Talent**と呼び，**タレント・マネジメント**と称される分野も現れ，特にそのような人材をいかに**定着（retention）**させるかという分野が重視されるようになった。

労働力の量に焦点をあてると，いかに低いコスト（低い給料，低い雇用保障，労働強化）で労働力を調達するかという側面が強調される。その意味で**Low-road（低い道）戦略**といえる。一方，ソフトHRMの流れを汲む考え方は，人的資源の高い関与，高い報酬，質の高いコミットメントなどで特徴づけられる**High-road（高い道）戦略**と呼ばれるものが提唱される（Cooke, 2000）。しかも，このHigh-road（高い道）戦略は，人的資源管理の諸活動が束となり合わさって効果があり，単発的なものでは効果がないとされる。すなわち，採用，評価，報酬，訓練，キャリア，上司の関わり方すべてに一貫性がないと効果がないとされている。

人的資源計画が，その後の人員配置や人材育成，そして退職などの雇用管理の諸施策と一貫性をもって作成されなければならない。まず，人的資源の採用・選抜を通してどのように人的資源を調達するかが出発点となる。

3. 2 人的資源計画

企業の長期的な経営計画に基づいて，必要な人的資源の調達が行われなければならない。

① 職務設計・職務分析

職務（job）とは，ある組織が理念，目標，戦略に従って活動を行うため，各労働者が担うべき**業務（task）**のまとまりである。欧米では，これが明確になっており，日本ではあいまいであるのが一般的である。

欧米の企業の組織作り（組織設計）は通常，職務設計から始まる。職務設計のためには，その職務がどのような要素で成り立っているのかを知る必要がある。そのために，職務分析が行われその職務を構成する仕事や責任を記した職務記述書，その職務に必要な知識や能力を記した職務明細書が作られる。また，それぞれの職務の間の関係が，仕事の流れ（ワークフロー）として目的に合い，効率的であるかが考慮される。一方，日本では，職能資格制度を基礎に，職務を大きくとらえて人員の調達と配置を行っている。

② 要員計画（人的資源計画）の設定

中長期と短期の必要な人材像と人数の計画は，雇用管理と能力開発で対応してゆくことになる。

雇用管理で確保される要員数は，通常，次の２つによって算定される。

A　**売上高人件費比率**—過去の売上高実績に占める人件費の割合を求め，目標売上高にその比率をかけて適正人件費を求め，それで雇える要員数を算出する。

Ｂ　**労働分配率**―売上高から原材料などの外部購入費を減じた「付加価値」は会社の利益を表す。ここから人件費が分配されるが，付加価値に占める人件費総額の割合が労働分配率である。目標の付加価値額と労働分配率を掛け，一人当たり人件費で割れば目標要員数が算定できる。

実際は，上記の経営計画からくる目標要員数と人材の構成，そして各部局で下から積み上げげた必要要員数と構成を照らし合わせ，要員計画が策定されることになる。

③　採用管理

採用計画は，要員計画に基づき，足りない人員を採用で補うことになる。欧米では，職務に人をつけるので，足りない職務を特定し，**空席（vacancy）**として**職務記述書（job description）**を作成し，企業内または公募として募集される。

また，その時の状況に合わせて，その他の人員の採用を行う。新卒採用のほか，中期と短期の必要な人材像と人数の計画をもとに中途採用や派遣社員，パートタイム労働者などの人員調達を行う。

3．3　日本企業の採用の特徴

①　長期雇用組織への所属を前提とした採用

正社員の新卒採用の慣行は，各社横並びで社会的に標準化され，比較的コストがかからずに学卒の採用を可能とするものである。図4.7のように，欧米などの海外においては，学校から仕事へのプロセスが基本的には分離しており，卒業と就職の間にギャップがある場合が多い。

しかし，日本の場合は，在学中から就職活動が始まり，３月の卒業の時点では，内定が決まり，４月１日から入社するという形が一般的であり，所属組織にギャップはない。このギャップなき移行のために，採用活動は最終学年に行われる。企業側は，学生への企業説明会の開催やインターネットなどを通じて情報提供を行い，選考過程に入ってゆく採用活動が活発化してゆく。学生は，

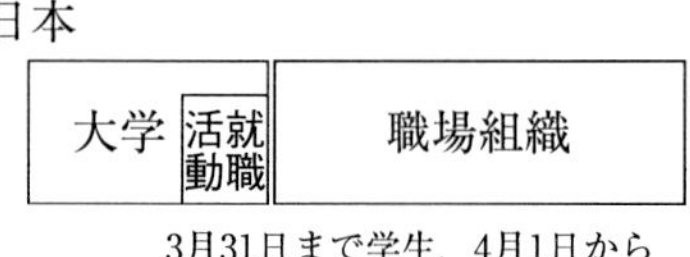

3月31日まで学生，4月1日から
社会人，所属にギャップなし。

海外　卒業は難しい＝力をつけて良い就職を勝ち取る。
卒業後個々に就職活動をして，自分を高く売る。
所属にギャップあり。

図 4.7　日本と海外の学校から職場への移行（school to work）

同時期に説明会や選考が解禁され，リクルートスーツや髪型まで標準化して，一斉に就職活動（就活）をはじめる。

学生に人気のある大企業は，膨大な応募を処理するためにインターネットでの応募（エントリーシートの受付），書類審査や筆記試験を経て，面接を段階的に行い（標準的には，担当 → 部課長 → 役員），内定を出す。選考の中で最も重視するのは面接であり，面接で判断できる要素が決定的に重要であるといえる。

【フォーカス】

School to Work

「学校から仕事」への移行は，国によってかなり違っている。日本の大学生はほとんどが卒業前に就職活動を行い，卒業時には希望者の 9 割以上は内定をとっている。そして，4 月から一斉に新社会人となる。4 年次はまず，就職で内定をとることに優先があり，卒業はその次の関心事である。他の国の 4 年生はどうなのか，留学生などにインタビューしてみたらいかがだろうか。

②　採用で重視する要件

日本企業は何を重視して採用基準としているのか。種々の調査では，ダントツで熱意・意欲およびコミュニケーション能力が挙げられている。また，日本企業は長期雇用計画を前提に，労働者の **trainability（訓練可能性）** を重視しているということができる。これは，訓練すればどれだけ伸びるかという指標である。人の能力を伸ばすには，新しいことに挑戦し実行しようとする意欲・熱意を持たなければならない。また，仕事は人と人とのコミュニケーションによって進行し，またその過程で能力が伸びてゆくのである。この観点から，熱意，コミュニケーション，人柄が重視基準になることは当然であり，それを判断するために面接を重視しているのである。

しかし，面接の評価は難しい。時間的な制約もあるし，面接者が要件を見抜けるかといった問題もある。面接評価のためには，相当な習熟が必要と考えられるが，面接者が面接のために訓練を受けているとは限らない。日本企業は，上司になるほど訓練を受けづらいとも言われている。

企業は，面接の不完全性を踏まえ，選考に当たって補助的な判断材料として，種々の代理指標に頼らざるを得ない。訓練可能性をはかるために，実際，具体的に熱意を持って取り組んで成果を出したという判断材料を探すのである。それが大学の成績や語学のスコアなどの具体的成果である。

これらの要件は，企業を取り巻く状況の変化とそれに対応する企業戦略によって変化を余儀なくされる。表4.1はこれから求められる人材要件の変化例をまとめたものであるが，徐々に今までの一律的な人材要件から，グローバル化社会に対応した人材の多様化に向けて採用要件の変化が見られてゆくであろう。

表4.1　これからの人材要件の変化（例）

	これまでの要件		今後の付加的要件・代替的要件の方向性
①	Trainability　訓練可能性	⇨	戦略から導かれる役割を遂行する能力（コンピテンシー）
②	長期雇用を前提とした正社員（一般職・総合職）	⇨	組織との関係のあり方（雇用形態のあり方）の多様性（転職を前提，職種や地域限定，専門職）
③	職場の雰囲気・人間関係	⇨	組織文化と価値観の共有度
④	課題処理能力	⇨	**EQ**（感情の知性，英語ではEI, Emotional Intelligence）**オープニング・エッセイ**参照

3. 4　日本の採用活動の課題

①　就職後のミスマッチ

日本の就職活動は，人事部によって会社説明会を行い，学生に情報提供がなされ，人事部主導で選考し，採用後の配属まで人事部主導で行われる。現場を知らない人事部が一定制限期間内にこれらのプロセスを進めるため，新卒採用者には，現実と違う情報が伝えられやすい。このため，採用後のリアリティ・ショックが大きくなる。

雇用保険統計を見ると，日本の離職率は，七五三（シチゴサン）と呼ばれ，就職後３年以内に，中学卒は７割が離職し，高校卒は５割，大学卒は３割が離職している。これらの割合は年々増加傾向にある。

学生にいかに現実に近い職場情報を伝えるかが，結局，適切な採用活動につながってゆく。例えば，ROP（Realistic Organization Preview），RJP（Realistic Job Preview）と呼ばれる現実に近い職業体験を採用活動の中で取り入れることが提唱されている。新卒者のリアリティ・ショックをやわらげるのが採用における誠実性を意味する。夢を現実とすり合わせる人生のキャリアの節目を大事にする機会を設けることが重要である。インターンシップもその意味で注目されつつあるが，制度は，成熟しておらず，効果的なものかどうかは一概にいえない。

欧米ではCSRの一環として違う意味を持つ。欧米のインターンシップは，単なる職業体験ではなく，若年層に職業教育を施すために企業がコストと労力を度外視して協力することが，社会への企業の責任であるとの意識が浸透しているのである。

②　内外からの多様な人材を採用できない

日本の就職活動は，リクルートスーツを着て，エントリーシートや面接も一律の訓練を受けて来る。このことから明らかなように，同質な層から同一の基準で採用する。これは，同質性の中で優秀層を確保することができるが，異質の人材を見つけることは難しい。

多様性（diversity）が創造的な能力を引き出す環境であるとされる現在のグ

ローバル環境下で，日本のシステムは適切な制度とは言い難い。多様な人材と協働して，創造的な事業を展開できる人材を採用することが大きな課題となっている。

面接の差別的質問，選考の公正さの欠如は，対米進出の際に「日本企業の構造的問題」として大きな問題を引き起こした。職場の差別を撤廃していかない限り，グローバル企業として評価はされない。

4. 配置・異動

4. 1　採用と内的人員配置

採用後に，仕事に人を就けることを**配置（placement）**という。日本では，職務（仕事）に人をつけるというよりは，メンバーシップを得た従業員を部署に所属させるので，**配属**と呼ばれることもある。採用後，最初に配属されることは**初任配属**と呼ばれ，その後のキャリアに大きな影響を与えることが知られている。表 4.2 のように，日本企業では，会社主導で配置が決定され，配置される範囲は，広く，柔軟な対応が求められる。

表 4.2　配置の国際比較

	日本	欧米諸国
初任配置のタイプ	就社型（職場配属）	就職型（職務配置）
配置の決定方法	会社主導型	本人主導型
配置の範囲	広く，柔軟な配置	狭く，特定の仕事密着型の配置

出所：木谷（2014, p.123）。

4. 2　配置転換（異動）

日本の企業は，職能資格制度で職能資格と職能給をつなげ，職務を切り離したことによって，職務への配置を柔軟に行えるシステムを形成した。採用後，定期的な**配置転換（transfer）**を行うことが一般的である。

日本では，社内で配置転換により異なった職務に就く内的配置のことを**異動**

という。この言葉は，社外に企業の枠を超えて移動する社外移動（転籍・出向を含む）と区別して使用されている。表4.3のように，この配置転換もアメリカ企業の一般的な形とは大きく異なっている。定期的人事異動（regular job rotation）が実行され，春と秋，個人では2～3年から3～4年周期でなされることが多い。

表 4.3　配置・異動慣行の日米比較

	日本企業	アメリカ企業
配置転換	昇格や昇進を伴わない他の職務（多様なレベル）に移ること 定期的人事異動	職務等級が同等の職務に移ること 必要時に実施
昇進	職位制度上の上位役職に移ること	職務等級上の上級職務に移ること
昇格	職能資格上の上位資格に移ること	日本的な昇格概念はない
降格	職能資格の格下げだが，現実は少なく，通俗的に役職の降格人事としての呼称	職務等級上の下位職務に移ること

出所：岩出（2016, p.190）。

4．3　定期異動のメリット

①　人材育成（職能の開発）

職能資格制度などで前提とされている職務遂行能力の開発のために定期異動がなされる。これは，人事部主導で実施される。しかし，個人主導でキャリアを形成したいとの機運が高まっている。長い期間を通じて，キャリアを開発してゆくためには，どの順番でどういうタイミングで行うかが大事であり，人事部と個人が共同してキャリア開発計画（CDP）を策定することが重要になってきている。

②　部門間の意識と情報の統合（セクショナリズムの防止）

日本の会社組織は高コンテキスト組織であると指摘される。これは，コミュニケーションにあたって，組織運営上の暗黙の了解（コンテキスト）が多く形成され，それを共有することによりコミュニケーションを容易にするというものである。部門中心の意識と情報を偏らないようにすることが期待できる。

③　職務のマッチング（機会を増やす）

定期的に異動させることで，適性のある職能分野に出会える可能性が高まる。人的資源の活用の機会となる。

④　マンネリ化の防止

多様な機会を提供することになり，自分を違った形で表現することがマンネリ化の防止になる。

4．4　定期異動のデメリット

①　専門性が培えない

日本企業の定期異動はジェネラリスト養成を基本とし，管理職育成を目指しているといえる。その結果，長く一定の部門に留まることが少なく，専門家的なスペシャリスト養成には不適である。

②　現場の人材教育の負担が大きい

定期異動先の部課にとっては，不慣れな新人が配属されることになるので，常に人材教育の労力とコストの負担がかかることになる。

③　新たなミスマッチの可能性

マッチングしていた職務または人間関係を，新たに変えることにもなるので，新たなミスマッチングにつながりかねない。定期異動の時期は，社員にとって期待とリスクが入り混じる緊張を伴う時である。

④　現業務への責任感の欠如

定期異動を見越して，現在の仕事への責任が欠如する場合もある。仕事へのコミットメントが育ちにくい。

4．5　日本型人的配置の特徴

日本型人的配置は，長期雇用システムの過程の中で，能力開発と並行して，新たなミスマッチの可能性はありつつも，人に職務をつけるシステムとして機能してきたといえる。要員計画に基づき，採用と再配置，そして能力開発によって必要な人材を調達するのである。

また，大企業は，協力企業との長期的な関係の中で，外的配置と解される**出向**も広く活用されている。出向は，元の会社に所属したまま派遣される形が多く，賃金も元の会社との差額を補填またはほとんどが支給されることもある。転籍とは，元の会社との雇用関係を解消する形をとるもので，転籍先の労働条件が適用される。

この出向は，日本の企業に頻繁に活用されるもので，人事交流，技術移転や指導，それにコミットメントを維持しながら雇用調整の手段としても用いられてきた。

4．6　今後の方向性（組織主導から個人主導へ）

前述したように，さまざまな環境の変化が激しくなり，事業の安定性が予測しにくくなると，キャリア形成を組織主導でなく，個人主導で形成してゆくことが，労働者本人のみならず企業の視点からも望ましくなってきている。例えば，事業の安定性が予測できない状況下では，組織主導でのキャリア形成はコスト面や労働者のモチベーション管理の観点から困難となる可能性がある。この過程で，さまざまな個人主導のキャリア形成の制度が活用されている。

自己申告制度は，適性，異動の希望，希望職種，希望勤務地，子育て介護などの家庭事情を人事部に申告して，それを定期人事異動の際に反映させるというものであり，最も普及している制度である。**社内公募制**は，社内に職務の空席が出た場合に，社内のみに募集広告を出し，社員が応募するもので，欧米企業が一般に行っている慣行である。日本の外資系企業を中心に普及している。**社内 FA 制度**は，部門間で，本人の希望を配慮して人事異動を行うもので，異動を希望した部門が，それらの資料を見て決定する。**社内ベンチャー制度**は，新規事業のアイデアを持った社員が，自らの事業を実施することを会社が支援する制度である。雇われるという価値観から自分で事業を起こすという**起業家精神（アントレプレナーシップ）**の重要性が指摘されている中，内的起業家精神の涵養が日本にも必要となっている。

組織が個人である従業員を支援する **EAP（Employee Assistance Program, 従業員支援プログラム）**も多様な形態で提供される方向にある。人を手段としない，人間主義の観点からは，このような個人の選択と価値判断をキャリア形成の中に反映させることは重要であり，今後ますます発展させてゆくべきである。

5. 退職・解雇

5. 1　定年退職

長期雇用慣行が前提とするのは，定年までの雇用である。これは，**定年**での強制的な退職を要するものである。日本は，高齢者の就業継続率が高く，60歳から64歳までの労働力率は7割を超え，フランスなどは2割を下回っているのと比べ，目立って高い。日本において，平均寿命も長くなる中，第二の人生と仕事とのつながりが大きいことがわかる。

高齢者雇用安定法によって，定年を設ける場合は60歳以上であることが義務づけられ（8条）ている。また，定年年齢を65歳未満に定めている場合は，「65歳までの定年の引上げ」「65歳までの継続雇用制度の導入」「定年の廃止」のいずれかの措置（9条）を実施する必要がある。国民年金支給が65歳からとの関係から，政府もそれまでの継続雇用を推し進めている。

5. 2　自発的退職

自発的退職のうち，自己都合退職の場合，企業はそれを避けようとしてきたため，退職金の支給率が低く抑えられてきた。また，失業保険にも自己都合退職には待機期間があり，支給開始期間が遅れる等，自発的退職に不利な面は存在する。

しかし，1970年代の石油危機以降，雇用調整が必要となり，雇用規模を縮小する自発的退職を促進する必要性が出てきた。図4.8のように，高齢期の退職パターンの多様化がはかられた。自発的退職のうち，近年多くとられてきたのは希望退職制である。これは企業が人件費削減のために中高年対象に行っているもので，退職金が割り増しで支給される。**早期退職優遇制度**は一定期間の間，ある年代の社員を対象に募集する制度である。リストラと言われている施策をよく見ると，この希望退職を募ることを基本としているものが多い。

また，自発的退職を促すためにセカンドライフとしての独立や起業を助成する制度や，転職先を開拓する**アウト・プレースメント**・ビジネスと契約を結ぶ，自発的退職の促進制度も広がっている。

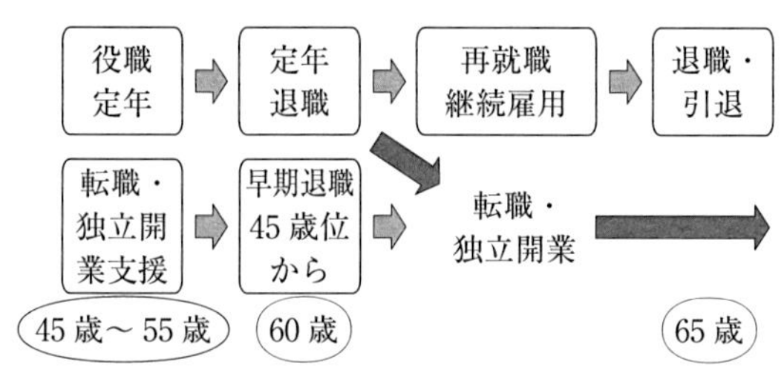

図4.8　高齢期の退職のパターン
出所：木谷（2014, p.139）。

5．3　非自発的退職

これには定年制によるものも含まれる。アメリカでは年齢による差別であるとして民間企業では否定的にとらえられている。定年はほとんどの日本の企業が有している一定年齢強制退職制度である。日本では近年の高齢化により，60歳定年の延長が求められ，定年後も継続して会社に留まれるように65歳まで継続して雇用することが企業に義務づけられている。

定年によらないで雇用調整の手段として退職するものを**整理解雇**と呼ぶ。次にあるように，日本の判例で**整理解雇の4要件**が確立され，整理解雇が事実上非常に難しいものになっている。

1. 人員削減の必要性
2. 解雇回避努力
3. 解雇者選定の合理性
4. 手続の合理性

日本企業は法律上の解雇制限のほかに，正規・基幹労働力に対して，極力，解雇を避けようとする。その一つの理由は，基幹労働に対する企業側の心理的な契約の一方的破棄につながるからである。近年，整理解雇により，残った労働者のモラールの低下や内部告発の増加など，今までの日本企業に生じなかった問題が起こりつつある。

参考文献

今野浩一郎（2008）『人事管理入門』日本経済新聞社。

岩出博（2016）『Lecture 人事労務管理』。

木谷宏（2014）「人事管理の意義と範囲」『人事・人材開発 3 級：ビジネスキャリア検定試験』社会保険研究所。

木谷宏監修，中央職業能力開発協会編（2014）『人事・人材開発 3 級（第 2 版）』社会保険研究所。

谷内篤博（2000）「人事制度の基本的展開」平野文彦編『人的資源管理論』税務経理協会。

谷内篤博（2004）「雇用形態の多様化と人事制度」『人的資源管理：経営学検定試験公式テキスト 5』中央経済社。

西川清之（2010）『人的資源管理論の基礎』学文社。

Cooke, F. L. (2000), *Human Resource Strategy to Improve Organisational Performance: A Route for British Firms?* Working Paper No.9. Economic and Social Research Council, Future of Work Programme. Swindon: ESRC.

Doeringer, P. B., & Piore, M. J. (1985), *Internal Labour Markets and Manpower Analysis: With a New Introduction*, Routledge（白木三秀監訳『内部労働市場とマンパワー分析』（2007）早稲田大学出版部）。

第5章
処遇管理：人事評価と報酬

到達目標

○評価の目的や手法とその難しさを理解すること。
○日本の評価システムの特徴を理解すること。
○外的報酬と内的報酬を理解すること。
○これからの人の処遇のあり方を考えられること。

【オープニング・エッセイ】

ピーターの法則とポジティブ組織学

「ピーターの法則」という有名な組織の法則がある。これは，世の中が無能であふれていくことを論理的に証明できるというものである。ピーターとは，ローレンス・ピーターという北米の社会学者のことで，1969年に，このことを説いた本が出版された。それ以降ロングセラーとなり，日本語でも新訳が出版されている（『ピーターの法則』ダイヤモンド社）。ピーターの法則とは，人間は階層社会をつくり，すべての人が昇進を重ね，おのおのの無能レベルに到達するというものである。

有能であれば必ず昇進させようという働きかけを受ける。しかし，有能であったのは昇進する前の立場であったからで，昇進してから有能であるかはわからない。有能であればさらに昇進の階段をのぼるわけだが，やがて無能の状態に陥るレベルに行き着く。そこで昇進圧力はかからなくなり，無能な人がそのレベルに留まり続けることになる。その必然的結果として，あらゆるポストが，職責を果たせない無能な人間によって占められるという，衝撃的な法則である。確かに何もせずに放っておいたら，そうなるような気がする。

このピーターの法則に根強い支持があるのは，実際に高い地位の人たちの不祥事が頻発することや，昇進した人へのやっかみがあるからなのだろう。しかし，無能な人によって支配された組織では，変化が激しい現代では生き残っていけない。ある経営学者が，経営学は「思い」のある学問だと言った。人の資源を無駄にせず，活かし，伸ばすという組織の意志が重要で，ピーターの法則は乗り越えなければならない。

そのためには，適切な人材配置や人材育成などを通じて人的資源の有効活用を図ることが重要になる。その場合，人の能力をどう見るかということがポイントになる。ピーターの法則では，人の能力は初めから決まっている定性的なものであり，それはどうすることもできないという悲観的な見方をとる。

それを乗り越えるために，人の持つ「強み」に着目しようという視点がある。経営学の巨人P・F・ドラッカーは「マネジメントの使命は，人間に強みを発揮させ，弱みをカバーして，彼らを協働させることにある」と述べている。強みの研究について注目されているのは，ポジティブ心理学の主唱者であるマーティン・セリグマン博士の理論である。これは博士の近著『本物の幸福』（邦訳『世界でひとつだけの幸せ』アスペクト）でわかりやすく説明されている。

先天的な才能と自発的に身に着けられる強みを区別して，人それぞれの強みに着目することの重要性を説いている。才能は無駄に終わることがあるが，強みは無駄にならない。例えばIQが高いという才能を持った人が，その知性を無駄にすることはありうる。しかし，誠実という一つの強みを持った人が，その誠実さを無駄にすることはありえないという。強みとは，6つの徳（知恵，勇気，人間性，正義，節度，精神性）を実践しようとするときに発揮できるととらえる。その徳を発揮しようという意志があれば，誰にでも強みは身に着けられる。そして強みは創造的である。

才能を持った人がすごいことをやるより，困難な中で「意志を働かせ，それが立派なおこないとなって初めて，人は心からの感動を覚える」とセリグマンは言う。強みという観点に立つとき，組織が無能な人であふれるということはありえない。構成員とリーダーが，強みを活かしていくという意志を持ち，ポジティブな相互関係が構築されるとき，一人ひとりが能力を恒常的に発揮できる組織になるからだ。ピーターの法則に支配された組織は，無能が無能を昇進させる。つまり無能なリーダーが人の能力を判断するので，結局，無能を昇進させるのである。その組織では，反対に超有能な人を邪魔者扱いにして追い出そうとするという。セリグマン博士の理論は米国の組織研究に大きく取り入れられ，ポジティブ組織学が発展を始めた。

1. 人事評価と昇進昇格

1．1　人事評価とは

人事評価とは，企業が，個人の能力，適性，業績などの個人差を**測定**（**measure**）し，人的資源管理の諸活動に活用することをいう。「測定できなければ，管理できない（if you can't measure it, you can't manage it.）」という言葉の通りである（Moynihan et al., 2012）。

事前に客観的な個人差を測定する過程を**アセスメント**（**Assessment**）という。仕事の結果，**成果**（**Performance**）を何らかの価値基準をもって事後評価することを**人事考課**（**Evaluation**）と呼ぶ。人的資源管理の分野では，英米を中心に成果主義が広まる中で，業績評価を意味する **Appraisal** という用語が使われるようになっている。日本では，査定と称されることが多い。

人事評価は，組織のマネジメントの機能の中で，望ましい成果につなげ，目標達成に近づける重要な機能であるが，評価基準の設定は非常に困難な業務である。組織には必ずそれぞれ別個の目的があり，その目的に貢献している要素を評価基準にしなければならない。それが適正に設定されないと，組織が効果的に運営されているとはいえない。構成員が「正しいことをしているかどうか」の第一の基準となる。次に，そこに無理・無駄・ムラがないかを判断するための「正しくしているか」という基準が続く。コスト面で効率的に運営しているかどうかも評価基準となろう。

評価は正しく評価しなければならない。人事評価で一歩間違うと，組織のマネジメントにとって大きな悪影響が出る。評価対象者だけでなく，それを見ていた関係者まで大きな影響を与える。例えば，周りにとって依怙贔屓と思える評価をしてしまうと，まじめに仕事に取り組んでいた人のモチベーションやコミットメントを劇的に失うことになる。もっとも，完璧な評価は存在しないので，常に向上への PDCA サイクルを回すことが重要である。このことを**パフォーマンス管理システム**（**Performance Management System, PMS**）という。

評価の後に，本人や関係者にフィードバックし，必要があれば評価の修正を行うことが重要である。

1．2　何のための評価か

評価は，大学生にとっては成績，企業の場合は報酬を決めるためだけのものと思いがちであるが，そうではない。大学での評価の目的が成績をつけるためであれば，そこには教育的意味はほとんど無くなってしまうし，企業が報酬を決めるだけの評価を行っていれば，組織目標を達成しようとはだれも思わなくなるだろう。組織における公式な評価の最終目的は，①組織理念の実現，②構成員の行動変容（望ましい行動を示す），③生産性の向上，④変化に対応するための組織風土の改革である。評価によって，望ましい組織の在り方を示し，それに向けて構成員の行動を促進することである。評価の目的は，第一義的には，組織目標を明示し，その方向性を示した上での「組織と構成員の成長」にあるべきである。

人間主義的視点 ⇒ 評価の目的は組織と構成員の成長にある

その前提にたって，評価をすることにより，種々の分野で活用することができる。図 5.1 のように，一般的に人事考課によって直接実現できることは，①基準に基づく公正な処遇，②能力開発への適用（キャリア開発も含む），③より

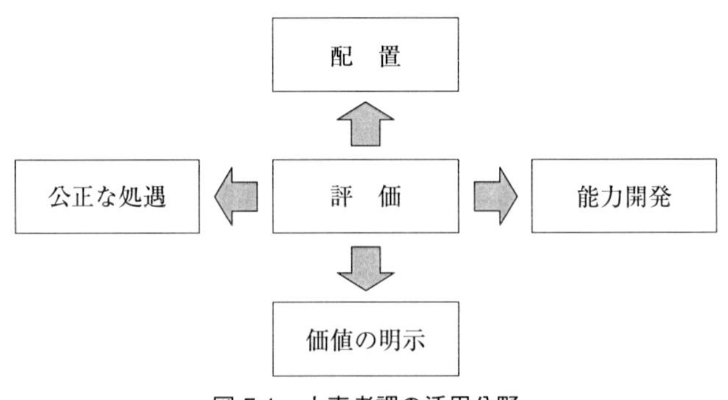

図 5.1　人事考課の活用分野

よい人材活用（配置によって），④組織価値の明示である。これらにより，構成員の行動変容を促すものとなる。

Bratton（2017）は，人事考課の目的をもう少し詳細に挙げ，次のような人事考課の活用分野の拡大を提案している。

- モチベーションやモラールの向上
- 期待の明確化と業績に関する曖昧さを減らすこと
- 報酬の決定
- 訓練・開発機会の発見
- コミュニケーション向上
- 昇進のための選抜
- キャリア管理
- カウンセリング
- 規律
- 救済措置の計画
- 目標設定

また，人事考課は，管理のレベルや評価対象者ごとに効果が変わってくる。図5.2のように，全社的な人事部門では，全体からの整合性を考慮しながら，処遇，能力開発，配置，異動に人事考課を活用している。また，現場のライン管理者は，人事考課を通じて，職務割当，能力開発，そして動機づけを行う。

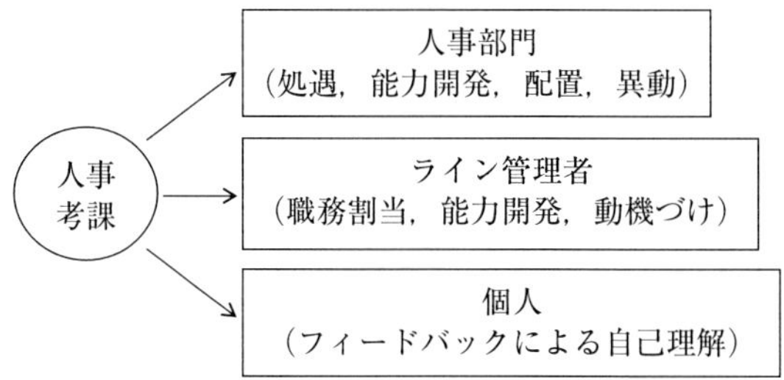

図5.2　人事考課の管理レベルと対象者への効果

非公式な評価としては，同僚の間でも，職場の人間関係において個人的な評価を通じて職務の協働遂行に影響を与えていると考えられる。そのため，評価を同僚を含めて多角的に行う試みも出てきている。

同時に，評価される個人にとってもフィードバックによる自己理解と組織における自分の発見につながる。被評価者にとって評価の結果が意味することは，端的に言うと，組織側からの良いか悪いかのフィードバックであり，褒められるか注意されるかである。自分が組織においてどう評価されているかを知ることは動機づけ，コミットメントにおいて非常に重要な効果を持つ。

1．3　何を評価するのか

それでは，一体なにを評価すればよいのであろうか。図5.3が示す業務を遂行するプロセスを追うと，まず，**インプット**（投入）要素があり，職務内容の遂行能力を持つ人が，意欲を持って業務にあたる。**スループット**（プロセス）要素を見ると，業務遂行する過程で，やはり意欲と態度がどうか，そしてどのような行動をとるかが問われる。また**アウトプット**（成果）要素から見ると，業務遂行の何らかの結果が業績として生み出されるであろう。

図5.3にあるように，インプット要素では，能力評価と勤務態度および情意

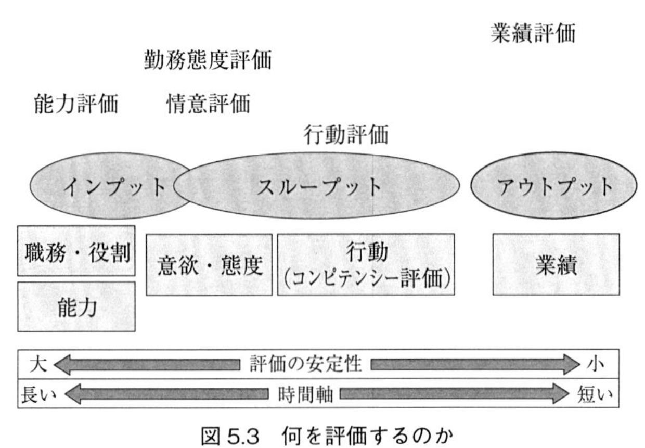

図5.3　何を評価するのか
出所：今野・佐藤（2009，p.143）。

評価が行われ，スループット要素では，引き続き勤務態度と情意評価，そして行動特性であるコンピテンシーが評価される。コンピテンシーは，汎用的な能力ではなく，特定の行動を仕事のプロセスで導入することによって，成果につなげるというものである。そして最後の**アウトプット**要素としての成果を業績評価として行う。

評価の安定性から言えば，インプットである能力評価は，判断が安定し判定しやすく，プロセス評価，業績評価に移行するごとに，評価の判断が変動しやすく不安定になる。また，能力を評価するには，長い期間で培われたものを評価するが，プロセスの間の期間，そしてある時点での成果の評価では，評価の時間軸が短くなる。

これらの評価すべき要素を特定するのは，非常に難しい。人を評価するにあたってどのような基準を設定するのかは，正解のない大きな課題である。直接的に測定可能な基準が可能でなければ代理指標を用いることになり，その妥当性に常に疑問が生じる[1)]。

海外では，**KPI（Key Performance Indicators，重要業績評価指標）**を明確に定め，それを基準に人事評価をしている。しかし，何をKPIとするのか。組織ごとに相違するものであり，また状況が変われば同じ組織でも変わりうる基準となろう。

以下，各要素の評価で日本の企業の特徴と課題を挙げる。

①　能力評価

日本企業は，能力評価の一種である職能資格制度を基本として行ってきた。職能資格はその企業が自社の望ましい能力を格付けしたもので，成果につながる確率が高い経験を伴う職能を設定したものである。しかし，市場の変化が激しい時代においては，そのつながりが明確でないという指摘にどう対応するか

1）　例えば大学生の成績評価であるGPAは妥当な学修成果なのか。またTOEICのスコアは英語力をはかる基準として妥当なのか。また種々の資格は本当に客観的で公正な基準として妥当なのかは，常に問われるべき課題である。

が課題である。

② 情意評価（意欲・態度評価）

例えば，規律性，責任性，協調性，積極性が挙げられる。これも厳密・公正な評価は難しい。それらは何を基準に判断するか，代理指標に頼ることも課題である。日本企業の特にホワイトカラーの評価には**一生（一所）懸命基準**で実施されてきたという指摘がある。

第3章で述べたように，日本企業は長期雇用慣行の中で，あいまいな職務と人の配置のため，能力評価が厳密に行われてこなかった。また，明確な成果の指標の開発も未成熟になっている。そのような状況下で，スループットである情意評価や意欲・態度評価に焦点が置かれてきたのである。

そこに一生懸命基準を設定することで，組織が従業員から大きな努力・労力を引き出すことができた。短期の成果を求めるより，長期に組織的な成果を得ることにより重きを置いてきた。しかし，それが日本の会社員の働きすぎの原因になってきたと指摘されている。

この一生懸命基準で評価されることは，社会全体に広がり，評価文化として確立しているのではないだろうか。アルバイトやパート労働でも，低い賃金（最低賃金レベル）にもかかわらず，一生懸命働かなければならないという規範意識は広く日本社会に根づいている。しかし，一生懸命に働いているかどうかを外から判断することは難しい。職場で容易に判断できる代理指標は，どれだけ長く働いているかである。これが日本の職場の長時間労働の根本的な原因になっているとの指摘がある。

③ 業績（成績）評価

職務遂行度，職務の難易度を評価して業績を判断するが，何を業績とするのかは非常に難しい。正確に業績を評価することは困難で，日本でまだ未成熟な分野である。この関連で，日本において業績評価に**MBO（目標管理制度）**を利用している企業が多いが，形式的に上司がチェックしている例も多い。

MBOは社員の成長を目的とするものであって，業績評価に使うものではない。MBOで挑戦する目標を上司との面談で決め，その結果が評価や報酬につながるとすれば，もし目標達成ができなければ，報酬で懲罰を受けることになる。MBOは結局，自分が損をする制度となる（Levinson, 1970, p.134）。誰も挑戦しようという目標設定をしなくなる。MBOは，望ましい行動を生み出すための目的に焦点をあてなければならない。

④　行動評価（コンピテンシー評価）

業績評価に合わせ，より成果につながるであろう能力指標としてコンピテンシーの導入が試みられたが，日本の企業においては課題が多く，なかなかうまくいかなかった。コンピテンシーとは，「高い成果を生み出すための行動に結びつく安定的に発揮される能力や行動特性」と定義され，**高い業績達成者（ハイ・パフォーマー）**の行動や能力・態度を分析し導き出したものである。

しかし，これもどの行動が成果につながるかは可変的であり，コンピテンシーの頻繁な更新が常に必要である。

1．4　人事考課の手順と基本原則

冒頭に述べたように，パフォーマンス管理システムは，PDCAのサイクルを回し，常に改善が望まれるものである。

人事考課は，その方法においていくつかの原則がある。まず客観性の原則である。評価者だけの一人よがりの評価であってはならない。また透明性の原則は，基準，手続き，結果などが被評価者に公開されていなければならない。その他，人事考課の基本原則として，次のような点が挙げられる。

・具体的行動事実に基づいた評価を行う
・自社の基準に基づいて評価する
・評価期間を厳守して評価を行う
・育成的な観点から評価を行う
・日常のマネジメント活動の一環としてとらえる

以下は，これらを確保するための一般的な手順である。

① 部下の自己評価
② ライン管理者の評価
③ 評価面接：評価の食い違いを調整（意外性のある評価は良い評価ではない）
④ 第1次評価
⑤ 第2次評価（複数の評価者で評価）
⑥ 最終フィードバック

1．5 評価時のバイアス

何度も強調するように評価は難しい。これには評価者のバイアス（偏り）が大きく影響する。評価の目的は，望ましい行動を引き出し，被評価者の成長を促すことにある。そこに責任を持つ上司が評価するということは，温かい支援者の眼と厳しい評価者の眼という相反する観点で見なければならないということである。

その他，ある特定の人を高く評価したり，評価の困難性を回避するために安易に評価するなど，多くのバイアスがかかる。そのため，評価にあたっては，情報公開，正確性，一貫性の必要性など多くの条件をクリアすることが重要で，そのための第三者評価の必要性も強調されている。

以下が，評価者が陥りやすい評価バイアスである（西川，2010）。このようなバイアスに陥らないように，評価者には適切な評価者訓練を継続的に提供し，より良い評価に向けて向上することが期待される。

① ハロー効果

ある評価項目の一部で高く評価することがあると，そのイメージが本来別の項目の評価にまで影響していく評価者の心理的バイアスである。

② 寛大化傾向・厳格化傾向

客観的な評価でなく，被評価集団に対して甘くなるのが寛大化傾向，辛くなるのが厳格化傾向である。

③　中央化傾向

大半が平均点や中央値に落ち着くという，とりあえずＢ型の評価である。これも仕事を真剣にしている被評価者のやる気を削ぐことにつながる。

④　対比誤差

自分と比べて評価をするバイアスである。自分が得意なものは，甘いか辛いかどちらかに偏りやすい。

⑤　逆算して評価

相対評価で，評価の枠をあらかじめ決めていてその枠に入れ込む。これは，評価の結果に対しての理由が説明できない。例えば，評価が低い枠に誰かを入れなければならないとすれば，落ちこぼれをわざと作ってしまうことにつながる。本来すべての構成員に望ましい行動をさせるための評価であるべきなのに，低い評価をつけざるを得なくなる。すべての人を教育する場ではこの評価バイアスは問題ではないかとの指摘がある。

１．６　昇進と昇格（職能資格制度は昇進と昇格の分離）

日本の企業は，他の国の企業と比較して，**遅い昇進**が特徴であると指摘されている。これは，新卒採用を基本として，長期間にわたる採用同期者間の競争を促し，モラールを維持することが目的である。

この雇用慣行のため，評価情報を公開する必要はなく，むしろ秘匿することを通じ，評価差を認識させないことにより，昇進競争をあおろうとする。ピーターの法則でも明らかなように，適切な評価なくして，適切な昇進はない。適切な評価と，その評価が自他共に認識できてこそ，昇進後の無能を乗り越えることができる。ピーターの法則を乗り越え，適切な昇進のため，透明で公正な評価システムの構築が必要である。

日本企業では，社員の格付けランキングとして，昇進と昇格があり，表5.1のような違いがある。能力と成果の関係を比例的に評価することが，企業の安定成長が見込めた時代には，職能資格制度における昇格制度で効果的に機能した。昇進するポストが不足しても，昇格は滞りなくできる。しかし，昇格と成

表 5.1　昇進と昇格の相違点

	昇進	昇格
定義	係長 → 課長 → 部長のように，職位制度を上に上がること	資格制度上でより上位の資格等級に上昇すること
制度	役職ポスト数に定員あり	資格等級に定員なし
処遇の基本	降職あり	原則として，降格なし
手続き	登用「・・・を命ずる」	任用「・・・に任ずる」
給与	役職手当に反映	基本給に反映

果の関係が不安定になる中，新たな対応が求められている。

職能資格制度は，長期間にわたる過去の成功に基礎を置いた評価である。コンピテンシーも，直近の過去の成功の評価である。今後は，ポジティブ組織学で提唱される「強み」のような，人の可能性を育み，未来の成功につなげるような評価基準の構築が望まれるであろう。

2.　報酬管理

2.１　報酬とは

報酬とは英語で **reward** だが，北米では **compensation** という用語が使われている。法律上，雇用関係とは，労働の対価として金銭の報酬を支払う契約に基づく関係を言い，それが労働者性の要件となる。金銭的報酬は賃金 wage（あるいは pay）として支払われる。したがって，金銭的な報酬の支払いが，伝統的な労使関係の最大のテーマであった。すなわち，労働者は金銭で報酬が払われるべきであるという権利を持つので，賃金交渉が労使の団体交渉の最重要テーマとなってきたのである。

報酬は，企業の利益によってもたらされる。企業が生み出した付加価値の中から，企業と労働者に分配される（このうち労働者に分配される比率を労働分配率と呼ぶ）。企業への配分としては，株主への還元や設備投資のための企業内留保分が挙げられる。ここから報酬には２つの側面が浮かびあがる。一つは，同じ利益の原資から労使に分配されるのであるから，トレードオフの関係になり，どちらが多く取るか対立が生まれる。もう一つは，この付加価値を大きくして全体のパイを大きくすることが労使共通の利益なので，労使協力の意味が生まれる。

2．2　人的資源管理における報酬

労使関係は，報酬の分配の対立から発展した。紛争が生じた場合，いかに解決するのかという政府の仲裁機能の発展まで進んだのである。しかし，人的資源管理の発展により，もう一つの報酬のとらえ方が浮上してきた。報酬は，労使対立の下での交渉によって決まるのではなく，マネジメントの観点から，いかに労使が協力して利益（付加価値）を創造するのかという観点で見直されたのである。人的資源管理の発展に伴って，賃金の決定が，労使関係の力学から人的資源管理の力学へと変化することとなったのである。

特に，報酬は労働者にとって動機づけ（モチベーション）への大きなインセンティブになる。報酬は，労働者のコミットメントやエンゲージメントに大きな影響を与えるため，人的資源管理にとって大きなテーマとなっており，そのためには，金銭的報酬に限らずさまざまな非金銭的報酬がありうることが認識されている。図 5.4 のように，大きくは，報酬の体系は金銭中心の**外発的報酬**（extrinsic reward）と心理的要素が強い**内発的報酬**（intrinsic reward）に分けられる。

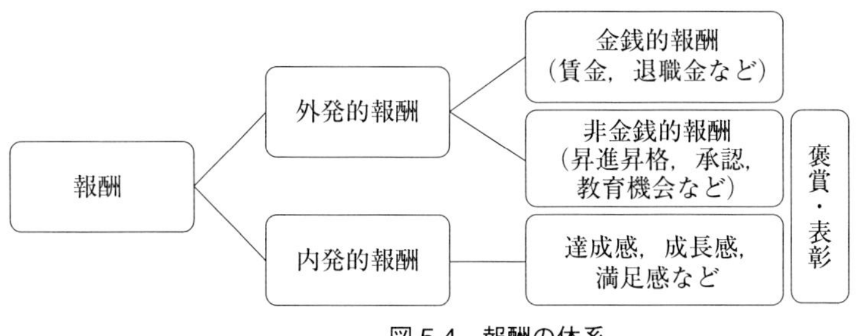

図 5.4　報酬の体系

外発的報酬とは，外から与えられる報酬で，賃金や退職金などの金銭的報酬と，昇格や昇進，表彰などを通じての承認，教育機会を与える非金銭的報酬が考えられる。個室などの労働環境もこれに含められる。

内発的報酬とは，内発的に引き出される報酬で，やりがいなどの充実感，達成感や成長や満足感などが含まれる。つまり内発的報酬は，より主体的な取り組みにつながるものである。与えられるより，自ら求める姿勢を引き出す報酬といえる。組織側からの一方的な報酬ではなく，個々人の達成感や成長感を尊重した報酬ということで，ヒトの可能性を引き出すという観点から，人間主義的な視点を持つものといえる。

また，これは意味や意義を感じる認知的な心理要素を持つもので，一律的な報酬ではなく，一人の人間の個別的な人間的存在を重視するものである。例えば，同じ重いものを持つという労働でも，強制された労働と，健康のため自ら進んでのジムでの運動とでは，まったく心理的満足感が変わってくる。最近ではこの内発的報酬の重視が強調されており，**内発的動機づけ**との関連で人的資源管理の大きなテーマとなっている。

人間主義的視点 ⇒ 内発的報酬は，ヒトの可能性を引き出す

これに関連して，報酬（reward）でなく，**award** という**褒賞**あるいは**表彰**と訳すべき別の概念を持つものがある。これは，報酬と違い，相互的なものではなく，組織が一方的な基準で対象者を宣揚し表彰するものである。その意味から，企業の価値観にあった外部への表彰も広く普及しているが，近年，社員の表彰の効果も注目されている。表彰は，企業の価値観やミッションを内外に示す効果的な手段となる。特に，財政的利益への貢献だけではなく，企業の目的に貢献する従業員を表彰する効果が，サーバント・リーダーシップと関連して注目されている。

【ケース・スタディ】

サウスウエスト社に見るサーバント・リーダーシップによる表彰

アメリカの競争激化の航空業界で，1971 年に新規参入を果たし，脅威の大成長を遂げた航空会社がある。しかも，立ち上げ時の社員のほとんどは別の会社をレイオフ（解雇）された人たちである。その名はサウスウエスト航空。米国の国内短距離格安航空会社である。湾岸戦争や 9.11 テロによりほとんどの航空会社が赤字に転落する中で，唯一収益を伸ばし続け，2003 年には月間国内便乗客数でトップになった。

この会社の哲学は徹底した人間重視である。特に従業員を大切にする価値観があり，これは全従業員に徹底されているという。この会社については，サンディエゴ大学の教員を歴任しコンサルティング会社を経営するフライバーグ夫妻による詳細な実態研究がある（邦訳『破天荒！ サウスウエスト航空―驚愕の経営』日経 BP 社）。

このサウスウエスト航空の経営姿勢を表す言葉を一つ選ぶとすれば，「サーバント・リーダーシップ」が挙げられよう。これはアメリカのロバート・グリーンリーフが提唱したもので，サーバント（召使い，奉仕者）とリーダー，2 つの相対する言葉を並べた造語であるが，その意味するところは深い。リードすることの本質はまず奉仕することであるとする，リーダーの心のあり方を説いた理念である。この考え方は全米で大きな反響をもって受け入れられ，さまざまな組織で取り入れられている。サウスウエスト航空もこれを全面に出しているのである。

機長自らが機体の掃除をするということもあるが，従業員に奉仕するという一例は，従業員の貢献を顕彰する祝典の開催である。社員の成功をたたえ，みんなでその喜びを分かち合うのである。これを通し会社の価値観を見える形で表し，従業員すべての活性化をはかるものとして，通常の業務以上に重視している。

2 カ月に一度，会社の価値観を実践している 10 人くらいの従業員に「勝利者賞」が与えられる。さらに年次受賞パーティーで，最も羨望の的となっているのが「創立者賞」である。これは数年にわたって賞賛に値する業績を示した人が対象である。その次に「社長賞」が続く。不定期に表彰されるものとして「ユーモア賞」，「社内で一番元気で賞」，「ありのままに言ってよ賞」などが与えられる。

そして，会社のリーダーたちが最も力を入れるのが，「心の英雄賞」である。これは人目のつかない場所で，会社の成功に貢献している人に与えられるもので，全社をあげて，草の根を分けても影の功労者を探し出し顕彰するというものである。

急成長には必ずそれを支えた人たちのグループがいる。忙しさにまぎれて，感謝することを,「ありがとう」と一言いう機会を決しておろそかにしないのだ。受賞式は本社のメインロビーや飛行機の格納庫などで行われるが，そのときまで名前は明かされない。そして受賞者はこの日のために特別に用意をされた飛行機の機体に，受賞グループの名前がペンキで書かれているのを見る。受賞の喜びはいかばかりであろうか。

人的資源管理の発展により，報酬には，広く種々の効果があることが認められている。例えば，次のような目的を持つものとしてとらえられている(Bratton, 2017)。

- 組織の戦略を支援すること
- 能力のある従業員を採用すること
- 離職率を低くし，有能な従業員を定着させること
- 内的公平と外的公平の維持
- 組織の財務能力の範囲内で持続すること
- 能力の最大限の発揮への動機づけ
- 心理的契約を強化すること
- 組織市民行動を促進させること
- 法規制を遵守すること
- 管理を効率的にすること

【ケース・スタディ】

サービスマスター社のサーバント・リーダーシップ

米国の清掃業の大手企業であるサービスマスター社もサーバント・リーダーシップで有名な成長企業である。同社は病院や学校の清掃を請け負っているが，この会社が請け負うとその周りのコミュニティーまでが前向きで明るく変わるという伝説を持っている企業である。この企業の基本理念は，同社の最高経営責任者を務めたウィリアム・ポラードがまとめた本に詳しい（邦訳：『企業のすべては人に始まる』ダイヤモンド社)。

同社では，現場の清掃員の功労を認めてもらうために「プライド・デー」とい

う日を設けている。同社がカーネーションを贈り，現場の院長や校長に，サービス員全員にカーネーションをつけてもらう日である。この時，ポラード氏はサービス員が涙を浮かべている姿を何度も見たという。清掃員ではなく，人としてみてくれたことに人間の尊厳を取り戻し感激するのだ。ポラード氏は，リーダーが最前線を歩いて，そこで頑張っている人に「ありがとう」とねぎらいの言葉をかける大切さを訴えている。

成長する企業は，人の可能性を認め，人を成長させるために奉仕する組織なのである。そのための報酬，表彰制度を必ず備えている。

2. 3　賃金の４つの性質

労使の観点から見ると，金銭的報酬である賃金には，別の側面がある。それは公的な観点も含め，以下のような４つの性質があることがわかる。

①労働の対価，②生計費，③企業のコスト，④労働の値段（価格）

まず，労働の対価とは，雇用契約で約束した労働したことへの対償という性質である。労働によって得た付加価値を賃金として分配することで，他の人と比べて，公平に分配しているかという**内部公平性**が問われる。

賃金は，労働者にとっては，生計費である。賃金を原資に生活をし，家族を養い，経済学でいうところの労働力の再生産を行う。また生計費が消費に回り，経済の有効需要につながる。

次に，企業にとってみれば，労働コストとなり，付加価値を生み出す経済活動の必要経費という性質をおびる。月ごとに支払われる給与（月給）は，固定費となり，労働分配率を決める指標になる。

外部労働市場にとっては，賃金は労働の値段（市場価格）となる。質の高い労働力を得るためには，**外部競争性**と**外部公平性**を持たねばならない。労働の対価の市場価格といえる。

2. 4　賃金水準に影響を与える要因

賃金水準に影響を与える要因は，**①生計費**，**②生産性**，**③労働力の需給状況**，

④労使交渉が挙げられる。賃金，特に基本給を決める決定基準は，内部公平性を重視する日本と，外部競争性と外部公平性を重視する米国で大きく異なる。近年，内部公平性を決める要因が，日本では人の潜在能力から顕在能力へ，米国では，仕事の職務から人の能力基準へ移行し，両者の近接がみられる。

外部競争性の基準は，日本は尺度が人による属人的なもので，中小企業は業界ごとのモデル賃金を参照する。初任給の場合も，社会的に標準化され横並びで決定されている。米国は，職務が尺度で産業別の労働市場をベースに決定する。経営管理者や希少性のある専門職（the talented）は，個別契約で決められ，人によって差が大きい。

2．5　賃金体系（所定内賃金と所定外賃金）

図5.5は，日本企業の労働費用構成の平均的イメージである。日本企業の労働費用総額のうち，一般的には現金給与が80％を占める。50％が定期給与（月給）であり，30％が賞与や一時金である。定期給与のほとんどは，所定内賃金で，基本給，労働手当，生活手当などがある。また，所定外賃金として，時間外労働や休日手当，種々の付加給付（fringe benefit）などがある。

付加給付の中で，どのような手当てが支給されているかを見ると，通勤手当，役付手当が多くの企業で採用され，家族手当，技能手当，住宅手当があげられる。ただ，すべての企業で手当てが支給されているわけではないことに留意する必要がある。

法定福利厚生費としてみると，健康保険，厚生年金保険，雇用保険など社会保険制度に基づくものがある。法定外福利厚生として挙げられるのは，住宅補助，財産形成，慶弔（けいちょう），カフェテリアプランの導入などがある。

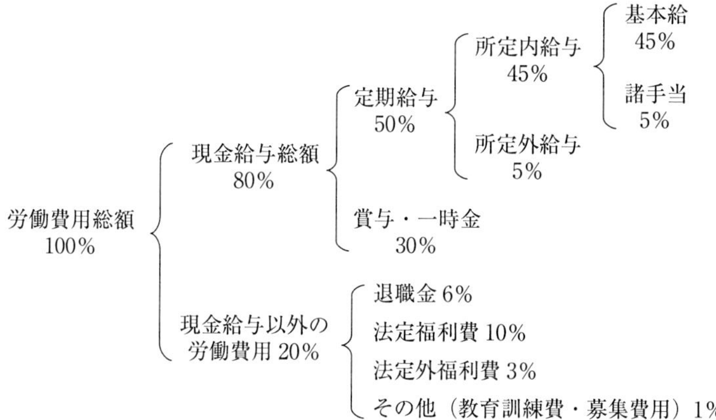

図 5.5　日本企業の労働費用構成の平均的イメージ
出所：厚生労働省「就労条件総合調査」など。

2. 6　日本型報酬の特徴

日本における賃金の重視された要素の変遷をみると，戦後～ 1960 年ごろまでは労働者所帯の生活の安定が最優先課題だったので，生活主義・生活給が主流であり，60 年代から 1975 年ぐらいまでに年功主義・年功給的要素が定着した。そして，1975 年から 90 年にかけて，石油危機による経済停滞期に，能力主義・職能給に質の転換がはかられ，90 年代以降は，成果主義・役割・業績給が導入されるようになった。

この過程の中で，賃金を含めた報酬を労働者側から見た場合，欧米と日本で大きな違いが生じてくる。欧米では，報酬は労働者の当然の「権利」であるととらえる傾向が強く，日本は会社から受ける「恩恵」ととらえる傾向が強い。日本では組織コミットメントを強める要素として働いていた。

2. 7　賃金払いの基本的原則

金銭的報酬の基本は賃金である。賃金の支払いは，労働者の基本的権利であり，この権利は保護されなければならない。国際的に普遍的なルールが確立されているが，日本では労働基準法 24 条に規定されている。

第 1 は，**通貨払いの原則**である。通貨は労働者が自由に使えるものであり，通貨で支払われることが労働者の基本的権利である。自社の製品やサービスで支払ったり，物品による支払はトラックシステムと呼ばれるが，これは禁止されている。

第 2 は，**直接払いの原則**である。これは賃金は労働者に直接払わなければならず，親族や債権者などを含め誰かを経由して支払ってはならない。

第 3 は，**全額払いの原則**で，会社が強制的に天引きで強制貯蓄などをしてはならない。

第 4 は，**毎月払いの原則**で，12 等分に分けて月々に支払わなければならない。国際的には，日本のボーナス（賞与）は賃金であれば，毎月払いの対象になる。しかし，ボーナスが臨時的なものとして賃金であるかどうかの判断はグレーゾーンに位置するものであるが，労働者側も拒否感なく受け入れている慣例として広く普及している。

第 5 は，**一定期日払いの原則**で，毎月決まった日に周期的に支払うことが求められる。

このように，賃金は労働者の最も重要な人権に関わるものであり，その権利は保護されなければならない。これは，会社倒産などで種々の債務に優先して，**労働債務**に対して支払うことが求められることからも明らかである。

人間主義的視点 ⇒ 労働者の権利として，報酬は金銭で支払われることが基本である

【フォーカス】

年功賃金制度の改善と成果主義

報酬における日本型の年功賃金制を根本的に改め，成果主義の報酬制度に変えるべきという議論が繰り返される。しかし，その成果主義に対しての以下のような懸念も根強い。

外的報酬の強調は，内発的報酬の意義を弱めるものであること。また，成果を正確に測定することは不可能であり，人材育成に力を入れ，職務充実などでの内発的動機づけをはかることの方が重要ではないか。評価は客観性を装うより，評価者が主観的で責任を持つものであるべきであるという反論がある。

これらの観点から，仕事を報酬にしている日本的年功制の運用改善をはかるべきだという主張もある。（高橋伸夫「日本型年功制を生かせ」経済教室，日本経済新聞，2004年6月9日）

2．8　今後の方向性

日本の年功的システムは，戦後の成長産業であった製造業を基本に形成されたものであり，長期雇用を前提とした男性正社員の望ましい報酬システムとして発展してきたものである。しかし，女性総合職の増加やグローバル化を含めた変化に対応するためのキャリア形成が多様化しつつある現在，キャリアステージに応じた制度が必要となっている。日本型年俸制，**ストックオプション**，**ESOP**（**Employee Stock Ownership Plan**）の導入が進んでいる。

しかし，明確な方向性は不明確である。成果主義の浸透が進む中，日本企業が競争優位の源泉となってきた守るべき価値を失ってしまえば，大きな損失になってしまう。日本的な年功的報酬は，心理的契約として高いコミットメントや職場での助け合いという組織市民行動の源泉となってきたことも事実である。ドラスティックな報酬システムの変革は，構成員のコミットメントを大きく失ってしまいかねない。常に報酬システムを改善する必要性があるが，漸進的に慎重に更新してゆかなければならない。

もう一つの問題は，金銭的報酬の決定が，労使関係から人的資源管理の観点からの影響を受けることが多くなった結果，賃金の押上圧力が弱まる可能性である。先述したように，賃金の原資は企業の付加価値額であるが，そこからの労働分配率が，労働組合の影響力の低下と相まって世界的に低下傾向にある。これは賃金が集団的労使関係から個別労使関係へ質的変化する中で，労働分配率を押し上げる勢力が弱まっていることにも一因があろう。また，企業が，決算期における短期的利益を重視する方向にあり，固定費とみなされる労働コストを下げたいという力が作用していることもあろう。

この問題は，労働者の生活の原資である所得の低下をもたらすのみならず，消費が低下し，景気の減退にもつながることから，国レベルの政府の問題でもある。日本政府も，基本給を引き上げた企業には法人税を軽減するなどの措置が取られ，賃金の引き上げを促している[2)]。ヒトの尊厳性の観点からは，報酬は労働者が幸福な人生を送るための生活の原資でなければならず，金銭的な報酬で支払われることが基本である。内的報酬の議論の高まりの反面，外的報酬の重要性を見失わない報酬管理の構築が多面的な観点から求められている。

日本における報酬の最大の課題は，賃金格差であろう。特に正社員と非正規社員の賃金格差は，国際的に合意されている同一労働同一賃金の原則の観点から解決しなければならない。戦後の高度成長期には，主婦層のパートタイムと学生を中心とするアルバイト層の供給超過により，最低賃金レベルで報酬が標準化されてきた。企業は，賃金が低く抑えられたパート労働者やアルバイトを活用できたのである。

また，（2023 年時点で）所得税がかからない 103 万円の壁，主婦の社会保険の加入が免除される 130 万円の壁の撤廃が議論されているが，これが，非正規社員の賃金の引き上げを抑える効果をもち，同時に主婦層パートタイム労働者の労働時間抑制につながってきた。これは，主婦の「見えざる労働」を評価しようとする主婦優遇税制および社会保険制度の見直しにもつながり，少子化対策とも絡む複雑な問題である。しかし，労働力不足により，非正規社員の労働需給がひっ迫してくると，この格差解消は進まざるを得ないであろう。

最後に，人の成長のための処遇という方向性がますます重要になる。失われた 30 年と言われる中，日本における産業の生産性を高めるために，**人的資本（Human Capital）**がキーワードとして浮上している。人的資本は，見えざる

2） 政府は一貫して賃上げを経済界に要請し，賃上げに積極的な企業を税制や財政面で優遇する制度を提唱している。

資産として生産性を飛躍的に向上するために重要性を持つものだからである。人の資本性の意味するところは，人に投資をすることによって，長期的に大きな付加価値をもったリターンを個人・組織・社会にもたらすことである。これは，2018年にISO30414の情報開示ガイドライン国際規格が作成され，国際的な企業評価の指標となっている。ここには，人への投資にあたって，日本企業に広まっていない副業や職場の多様性促進が重要指標として挙げられている。長期的にいかに人を成長させて高い付加価値をもたらすのか，新たな評価と処遇につながる方向性を提示している。これは次章の人的資源開発のテーマにもつながっている。

参考文献

Bratton J. and Gold J.（2017）*Human Resource Management: Theory and Practice*, 6th edition, Palgrave.

Levinson, H.（1970）'Management by whose objectives?', *Harvard Business Review*, July/August, 125-134.

Moynihan, D. P., Pandey, S. K., Wright, B. E.（2012）'Personal Values and performance management theory, Linking perceived social impact and performance information use', *Governance*, 25(3), pp.463-483.

今野浩一郎・佐藤博樹（2009）『人事管理入門』第2版，日本経済新聞社。

西川清之（2010）『人的資源管理論の基礎』学文社。

第6章

人的資源開発

到達目標

○人的資源開発と訓練の違いを意識して理解すること。
○人的資源開発のアプローチを理解すること。
○組織開発，チームワークの概念を理解すること。
○キャリア開発の概念を理解し，将来のキャリアについて考察すること。

【オープニング・エッセイ】

ダイアローグ（チーム学習）

人は成長するために学ばなければならない。組織も学ばなければ存続できない。組織の平均寿命は，人の平均寿命よりずっと短いのである。

生存への危機を感じた国際的巨大企業が，力を尽くしてこのテーマに取り組んだことがある。1980年代初頭の世界的石油生産・販売企業ロイヤル・ダッチ・シェルである。当時，石油の埋蔵量は30年から40年で掘りつくされると考えられていた。シェルは年間1,000億ドルを越す売り上げがあり，100カ国にわたる世界規模の石油ビジネスを展開していたが，それをどのように転換して生き延びていけるのか。前代未聞の経営課題に取り組む研究であった。その結果，驚くべきことがわかった。一つは企業の平均寿命が非常に短いことである。米国の代表的企業であるフォーチュン500社の多国籍企業の平均寿命は，40年少々という短さであった。ほとんどの会社は10年以内に消滅してしまう。

もう一つは，数は少ないが，寿命が200年を超す企業が存在するということであった。そしてこのような長寿企業に共通する点は，「学習して」，新しい環境に適応してきたことだと指摘した。これに大きな刺激を受け，「学習する組織」を構築する上で理論的基礎を提供したのが，1990 年に発刊された**ピーター・センゲの『第 5 のディシプリン』**で，世界的ベストセラーになった。

センゲは学習する組織になるための 5 つのディシプリンを掲げた。ディシプリンとは，実践するために学習し修得すべき理論と技術の総体のことをいう。その一つにチーム学習というものがある。仕事の実際上の推進単位であるチームで，いかに学習するのかの規律と実践法を説いている。チームによる共同思考は，個人の思考をはるかに超える学習を可能にする。その力を利用して，物事の本質を探求することを目指す。

センゲは，本質を探求する共同思考のためには，ディスカッションとダイアローグ（対話）という 2 つの方法を組み合わせることによって可能となるという。また，ほとんどの組織がディスカッションはできても，ダイアローグに至らないと指摘している。英語の決定（decision）の語源は「代替案を殺す」というラテン語にあり，多くはその結果，選択をしたものの，選択の理由の追求は中途半端に終わる。ダイアローグとは，「意味が流れて通る」というギリシャ語に起源がある。自分の考えにこだわるのではなく，相手と共同して自由に本質を探求し続けることである。そこにおいては本質を学習しようという自発性，積極性が必須条件となる。

また，多忙なゆえに，共同思考が分断されてしまう。Active（積極的）な姿勢は良く見ると 2 つの内実に分けられる。一つは，Reactive（受動的）。積極的に見えて実は他からの対応に追われて受動的になっているのだ。それは，本当の意味での主体的な（Proactive）姿勢とはかけ離れている状態である。学習するには，本質を学ぼうという真に積極的な意思と姿勢が必要である。ダイアローグでは，自分の考えを提示する。自分を防御しない。イメージとしては，相手にもよく見えるように自分の前に吊るしておくようにする。そして，人の意識の奥にある「共通の意味」を見いだし，共に物事の本質に迫る。物理学者のデビッド・ボームは，思いの根源が観察されれば，思いそのものが，良いものに変わるという。文化人類学者のマーガレット・ミードはこのようなダイアローグを実践したグループのみが世界を変えてきたと指摘している。ダイアローグを身に着けた学習する組織は，行動を変え，成長を続ける。それはやがて世界を変えてゆく。

1. 人的資源開発の意義

人的資源管理の人間観は，人間をいまだ活用されていない潜在的な高度の能力を持つ，未開発資源の宝庫と見ている。そのため，いかにして能力や技能が活性化され，潜在能力が引き出されるかを知るために人間行動の理解が必要となり，組織行動科学の知見を活用する。

従来は，知識や技能を上司や教育担当者から与えられて学習する外から内へという**アウトサイド・イン**型の**訓練（Training）**というアプローチが主流であった。訓練によって知識や技能を効果的に習得することができる。

しかし，訓練は被訓練者が自発的ではなく，応用性や汎用性に欠け，潜在能力を引き出すことはできない。それに対し，従業員が主体的・自発的に学習し，自らの実践的経験や学習を重視しながら（ケース・スタディー，シミュレーション），内発性を引き出してゆく**インサイド・アウト**型の**開発（Development）**というアプローチが強調されてきている（根本，1998）。

開発とは，「開いて内から発する」という意味で，内から潜在能力を引き出すという含意がある。英語の development の原意は envelop からきており，封筒を開ける，と関連している。手紙を開けると中から重要なメッセージが現れるという意味から発展している。訓練する側の観点でなく，被訓練者の貴重な人的資源を引き出すという意味であり，相手側に視点がある。

人的資源開発は，国際的な技術協力の分野でも確立したものとなっている。それは，単なる先進国モデルの移転の反省から，途上国の人的資源をいかに引き出すかという Capacity Building のための代表的分野となっている。

訓練と開発（Training and Development）として並べて表記される場合が多く，双方の補完性を表す用語となっている。また，人的資源開発は，訓練を含む包括的な概念として使われている。

訓練は，ある一定の到達目標を達成するための実務能力を高めるものであり，目標が静態的なものとなる。一方，開発は，内発的に能力を引き出してゆ

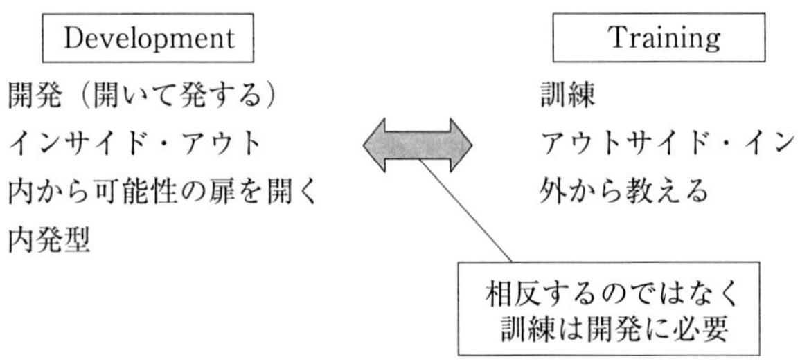

図 6.1　開発と訓練の違い

くものであり，個人の人的資源の利用可能性を開き，それを自律的に発展させてゆく能力を引き出してゆくものである（図 6.1 参照）。

2. 訓練と開発のアプローチの違い

訓練は外から内へというアウトサイド・インのアプローチをとる。これは日本の受験勉強を想起するとわかりやすい。受験範囲が明示され，そこから出題される問題を解く能力を養成する。標準的に解答できるように練習する。そこではすべての受験範囲での正答を求められ弱点の克服が最重要となる。外から身に着けるというアプローチである。

一方，開発は内から外へというインサイド・アウトのアプローチをとる。これは内発的モチベーションなどに明らかなように，潜在的に眠っている未開発の可能性を引き出すことによって顕在化する力にして，現実に発揮してゆこうというものである。人の無限の可能性に着目したアプローチと言って良い。

【フォーカス】

コミュニケーションによる開発

開発のアプローチとは，インサイド・アウト，すなわちイメージとしては，引き出すという感じである。感覚的に理解するために，コミュニケーションによって引き出すことを考えたい。

例えば，対話をしているとき，相手の言いたいことを類推して代弁してあげると，相手がもともと持っていた考えを表現することにつながり，さらに相手の考えを深めることができる。これは，相手に教えたわけでなく，もともとあった考えを引き出したといえる。

あるいは，相手の発言をさらに解釈してあげることも同じような効果を生む。相手が意識していない言葉や表現で解釈してあげて，相手に気づいてもらう。そしてさらに新しい概念を理解し，一歩先に思考が進む。相手の気づきを促すのも，引き出すイメージである。決して押し付けではない。

さらに，あえて対決することで，相手の持つ対抗心を引き出し，前に進む勇気を持たせてあげることもできる。そこから，相手の中に何かが生まれる。石はただの石ころであるが，石と石がぶつかれば，自分では気づかなかった火が出てくる。自分の中に潜在していたものが引き出されたのである。

人間主義的視点 ⇒ ヒトの無限の可能性を引き出す開発のアプローチ

これは米国を中心として発展している**ポジティブ心理学（Positive Psychology）**や**ポジティブ組織学（Positive Organization Scholarship）**のアプローチがわかりやすい。これは，構成員の強み（strength）を見つけ出し特定化し，その資質を基本に強みを活かしてゆくという組織作りが提唱されている。弱点を外から矯正するのではなく，人が持っている強みを中から引き出すというアプローチをとる。

人的資源開発は，相手の人的資源を引き出すというアプローチをとる。そのためには，相手を意識したやり取りが重要となり，人と人との創造的な係わり合いが必要となる。人的資源開発のために，soft skill（=human skill, social skillとも呼ばれる）の重要性が強調されている。人的資源開発のための効果的なコミュニケーションとリーダーシップの在り方が問われ，学習やチームワークの促進が課題となっている。

3. 人的資源開発の対象

人的資源開発の対象は，広い意味では人生全般であるということができるが，学校教育は別の要素があるため，学校教育と分けて考えることが一般的である。学校教育を終えて長いキャリア（仕事人生）を歩む中で，必要な知識や技能を身に着け，自律的に開発してゆくことに対応するものである。狭い意味では，職業教育ということができる。

職業教育は学校教育より長い期間を扱うものであり，生きる糧を得て，充実した仕事につくことに関わるものである。仕事は時代の変遷によって常に変化するものであるので，必要な職業の知識と技能を予測し，その情報を学校卒業予定者を含める求職者に伝え，良い選択ができるように**ガイダンス（職業指導）**することも必要となる（図6.2参照）。

潜在的求職者も対象に含めるとすれば，学校教育とは別に論じるのではなく，両方が連動した人的資源開発システムを構築することが重要である。

図6.2　人的資源開発の対象

4. 人的資源開発の主体

4. 1　企　業

人的資源を開発する側の主体の第一は企業であろう。当然，企業や組織が構成員である個人の人的資源を開発することは，企業の生産性を伸ばし，競争力をつけるので，積極的に取り組むべき主体である。

図6.3のように，労働条件のうち，賃金や労働時間などは労使の対立が生じ，

図6.3　組織における人的資源管理

利害の衝突が生じることもある。衝突を解決する方向性として，ヒトを大事にする（人に優しい）か組織を大事にする（組織が強い）かという二者選択のケースが多い。しかし，人的資源開発は，組織とヒト双方に利益をもたらし，win-win関係を基礎に，企業と人の共生のための非常に重要なテーマとなる。

4. 2　政府・コミュニティ

第二に，人的資源開発は，コミュニティや国にとって非常に重要なテーマであり，社会の繁栄と国の経済成長に寄与するものである。いずれの国でも，自国の労働者の人的資源開発が生産性や競争力を形成するものと理解していることから，そのシステムの構築に多くの財政と労力を投じている。日本の行政では一般的に能力開発という言葉で表され，教育や訓練を通じて個人の持つさまざまな資源を開発し，職業人を育成することを意味している。

学校教育は教育省（日本は文部科学省）が所管する一方，公共職業訓練や公共職業指導の分野は雇用・労働省（日本の場合は厚生労働省）が所管し，種々の施策を確立してきた。現在，教育と職業教育の連関が変動する経済社会に対応するために必要なことから，国としての一貫した政策として，学校教育政策と職業教育政策の整合性が問われている。

日本の公共職業教育の特徴は，大企業の職業訓練を補足し，中小企業や地方の企業の職業訓練を補完的に強化してきたことにあるといえる。政府の役割は，民間にできない部門の人材育成において大きな重点を置いてきた。中小企業や地方企業および個人は，大企業のように競争力のある能力開発を受ける機会に乏しく，財政的にも余裕がない。そのために，政府がこの分野で大きなサポートをする必要性があった。

これを行うために，日本の政府は雇用保険の財源を使って補完的職業訓練を行った。日本の産業は強い大企業とそれをサポートする中小・地方企業の存在により強化されてきたといえるが，その関係をうまく機能させたのがこの雇用保険の使用者側負担を財源とする職業訓練である。つまり，雇用保険は労働者と使用者が折半で保険料を支払っているが，この制度を作ったときに，少し使用者側が多めに保険料を払うしくみにし，それを財源に公共の職業訓練施設の運営にあてることができた。これは実質的には，大企業が雇用保険の財源の多くを拠出し，その果実は，中小企業や地方の中小企業や個人が享受してきたといえる。

今後は，学校教育との連携を含め，個人のキャリア形成に役立つ施策を展開して行くことが重要課題である。大企業の訓練費用が縮小している現在，政府や社会の役割を大きく変えなければならない。どこの企業でも通用する**エンプロイヤビリティー（雇用されうる能力）**を身に着けるための訓練・開発制度が必要である。**人への投資**における政府の役割が増大している。

4. 3　個　人

第三に，個人にとって自分自身の人的資源を開発することは，自律的にキャリアを歩んでいくために非常に重要なテーマであり，個人主導のキャリア形成がますます必要な社会になっている。

自分の人生を安定的なものにするため，能力開発を通じたキャリアアップが重要であることは明らかである。今までは，個人の能力開発は，企業や，国に依存している傾向があったが，雇用保障が揺らぐ現在，いかに個人をサポートするかが最重要課題である。問題はそのコストをどうするか。また，どのような能力開発が必要か，である。コストでは，政府や企業を含む社会が，一企業の枠を越えて，生涯にわたり個人の訓練・開発に関わって負担してゆかなければならない。ここでも，能力開発の内容はエンプロイヤビリティーが強調されている。企業の枠を超えた個人の能力開発が，その国の社会や企業に最終的には利益をもたらすとの認識を広めることにより，社会全体で積極的にサポートして行くべきである。ILOでは，有給教育休暇が推奨されている。

図6.4のように，人的資源開発を通じて個人・企業・社会の3者がWin-Winの利益を得ることができ，3者が協力して取り組むべきものである。

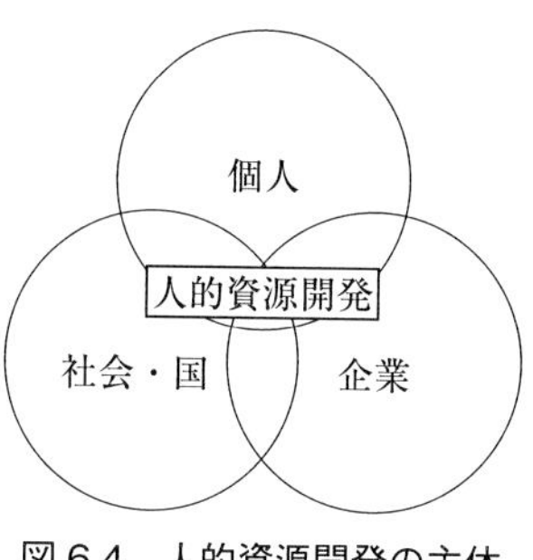

図6.4　人的資源開発の主体

5. 日本の職場学習（Workplace learning）の重要性

5. 1　OJT（On the Job Training）とOff-JT（Off the Job Training）

日本の労働者の**現場力**は，現場でさまざまな異常な問題が生じた時に，その場で問題解決ができるという能力であり，現場労働者が生産性を上げ，品質を高める源泉である。この現場力は単なる訓練だけでは育成できず，人的資源開発の手法がとられていると考えられる。

日本の能力開発は，**OJT（職場内教育）**，**Off-JT（職場外集合教育）**，**自己啓発（Self-Development）**を柱に展開されてきた。特に，OJTは長期雇用を前提とした職能資格制度を基本に，短期のOFF-JTを節々に挟みながら，日本の労働者の高い技能開発の中核的アプローチである。Off-JTには，新人研修や部課長研修などの階層別研修と，専門的知識などの職能別研修がある。

5. 2　OJT における人的資源開発

未開発の人的資源を引き出してゆくために，どのような働きかけをすればよいのだろうか。日本企業は製造業での現場力の強さが強みとなっている。この日本の職場における典型的な現場での能力開発の事例を用いながら，相手の状況を見ながら問題解決能力をいかに引き出してゆくかの人的資源開発的アプローチをみたい。

新人研修や昇進時などの階層別研修のような新しい段階になった時に，画一的な研修は効果的である。これは集団的で教示的な働きかけが，効果的に成果をもたらす傾向があるからである。そして，現場で**OJT の 3 原則**を用いる。つまり，実際の職場でまず先輩が，**やって見せる "set example"**。次に**仕事を割り当て "job assignment"**，一人で仕事を実践させる。そして，**"personal contact" で，一対一の対応**が必要になった時には支援する。

つまり，自律への成長を引き出し開発するためには，組織やリーダーの庇護や一方的指示から離れ，一人で挑戦するという姿勢を持つ必要がある。そのために段階的に任せてゆくということが必要となり，時系列的には，指示を減らし，任せ，自分で発見，そして自発を待ち，続いて協働という連続的にプラスの向上を強化してゆく（Positively Reinforcing Successive Approximations）過程を作ってゆく。

特に最初の新人の時代には，新しいことに挑戦するとうまくいかないことに直面し，自信がなくなり意欲をくじくような状況が生まれる。その時に組織が失敗してもマイナスに評価しないというメッセージを送り，内発的な能力の開発をサポートする働きかけが重要となる。組織が挑戦の場を与えること，新しいことへの挑戦を促すことが人的資源開発につながる。

日本企業の現場力は，OJT を中心とする人的資源開発によって生み出されてきた。これによって，**5S** と言われるような活動を現場で展開し，**QC サークル**（品質管理）などの小集団活動でカイゼンを実行してきた。このシステムを支えているのは，学び合い，教えあうといった個人の職務を越えた協力行動を意味する組織市民行動があってこそ実現できるものである。

6. 組織開発

6. 1　組織開発への重点移行

日本の能力開発は，安定的な経済発展過程で，個人や職場における小集団活動などに焦点があてられてきた。しかし，大きな変革が必要となった現在，組織全体が変革を積極的に受け入れる組織風土（organizational climate）をつくる組織開発が重要となってきた。

組織開発とは，「組織がその持てる十全の潜在性を開発する手助けを行うことに注目したマネジメントの一領域である。」（Organizational Development is a management field that focuses on helping organizations to develop their full potential, University of Massachusetts.）と定義される。人的資源が存在する組織の持つ内発的な潜在力をいかに引き出すかという，ヒトから組織へ重点が移行したものである。

6. 2　チームワークの目的

グループ（集団）とは，特定の目的を達成するために集まった，互いに影響を与え合い依存する複数の人々のことをいう。人があるグループに参加する理由は，安心感，ステータス，自尊心，親密さ，力を得るためであり，公式な集団には，目標達成をするために参加する。

ただ，グループは能力と努力の重ね合わせを必要とするような集団作業の必要はない。その成果は，個々のメンバーの総和にすぎない。むしろ，「ぶら下がり」効果といって，人が集団の中で働くときには，単独で働くときほど努力しない傾向が生まれる場合がある。ドイツの心理学者である**リンゲルマンの綱引きの実験**では，3 人のグループでは平均的な個人の力の 2.5 倍，8 人のグループでは個人の力の 4 倍しか出せなかった。個人の貢献と集団の成果があいまいなとき，個人は集団の努力に「ただ乗り」したいという誘惑にかられ，努力が低下するのである。これを「**ぶらさがり効果**」あるいは「**社会的手抜き**」と呼ぶ。

これに対して，チームの目標とするところは，協調を通じてプラスの**相乗効**

果（シナジー効果）を生むことである。企業は，このチーム編成の幅広い活用により，組織の業績を向上させる相乗効果を追求している。これにより，組織がインプットを増加することなくアウトプットを増やすことが可能になるのである。

6．3　グループとチームの違い

図6.5のように，**グループワーク**は，個々の能力がバラバラでかつ連携しなくとも，しっかりと分業されていれば，目標を達成することができる。目標が明確で，確実にそれを達成したい場合は，それぞれの役割を決めておけば，効率的に仕事をすすめることができる。もし，うまくいかなければ，役割をしっかり果たさなかった個人の責任になる。

チームワークとは，化学反応のように，連携することで大きな潜在能力が発揮される効果を持つ。その効果を持つためには，仲良くそれぞれがみんなに心を合わせて一つの事を行っていくだけでは達成しえない。ある特定の目標を最大限に達成するために，お互いの能力の総和以上の成果を得るために必要なものである。チームワークは，それぞれが自分の役割を果たすグループワークと異なる。グループワークはそれぞれの力の総和であるが，チームワークは自分と他人の能力の化学反応ともいうべき，総和以上の成果を得るシナジー（相乗）

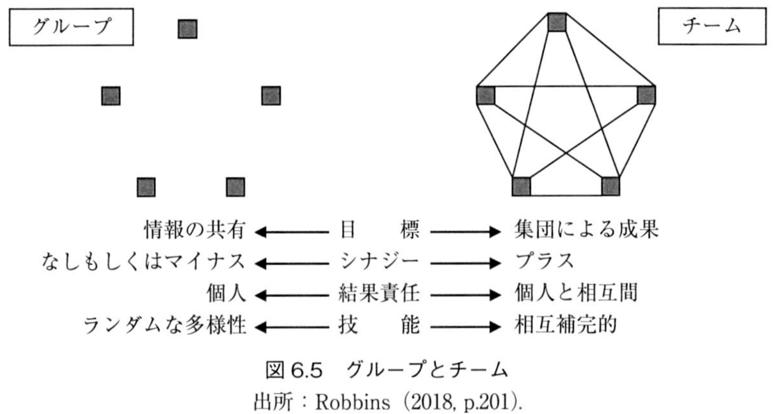

図6.5　グループとチーム
出所：Robbins（2018, p.201）.

効果を生むことができる。

チームワークを発揮するためには，メンバー同士の信頼と合意に基づき，連帯して結果責任を負う。連帯して結果の責任を負うためには，無理強いではなく，目的，目標，アプローチを共有し，自主的に相互信頼を形成する必要がある。チームはグループより，はるかに高い業績を達成するだろうが，同時にリスクも増える。各自の運命を委ねることは，個人の目標を抑え込み，利益よりコストが多くなる。そのため，いつでもチームワークがグループワークより良いとは限らない。メンバーの能力の総和であるグループワークで，確実に作業を実行してゆく分業の方が良い場合もある。

また，チームワークの発揮のためにチームメンバー間でのパートナーシップが重要であると指摘されている。**パートナーシップ**は，シナジー効果を生むため注目されているもう一つの概念である。これは上下関係ではなく，平等な関係を基礎として単体では達成できない相互作用を通じて大きな成果を得ることができる。

このように，チームワークやパートナーシップは，ヒトの可能性を，創造的な人間関係により引き出すことができる。人と人との創造的なコミュニケーションをどう構築するかが，人的資源開発にあたっての基本課題である。

人間主義的視点 ⇒ ヒトの可能性は，創造的な関係により引き出される

7. 学習する組織

7. 1　組織も学習する必要

組織も学習しなければ変化する環境に適応していけない。しかし，巨大な組織全体が学ぶというのは困難である。組織はどのように学ぶことができるのであろうか。

米国 MIT 教授**ピーター・センゲ**は，学習する組織のための5つのディシプリン（鍵となる原則）を導き出した。チームという小単位で学ぶことの重要性について指摘したのもこの研究である。これは，その後，発展する「学習する組織」の基礎理論として，組織行動学の知見とその実践に大きな貢献をするものとなった。センゲの著作から組織が学習できない理由と，学習する組織のための５つのディシプリンの概略を紹介する。

7．2　学習を阻害する７つの要因

①　職務イコール自分

多くの組織の構成員は，自分の責任は職務の範囲までと考える。その結果，すべての職務が関連しあって生まれる結果に対する責任感が薄れてしまう。失敗の原因を他に押しつけ合い，重要な部分を見落としてしまう。

②　敵は向こうに

向こうとこちらは，一つのシステムを構成している。しかし，敵は自分以外の向こうにいるという意識にとらわれると，こちらにある解決策を見出すことが不可能になる。敵は見やすいが，味方は見にくい。取り組むべき課題は，他にあるのではなく，自らの組織を振り返ることから始まる。

③　積極策の幻想

積極的姿勢は，よく振り返ると向こうの敵と戦うための受け身に徹している場合がある（reactive）。真の積極性（proactive）は，自分の抱える問題をどのように解決するのかの見通しから生まれる。一時の感情から生まれるものではなく，冷静な考え方の産物なのである。

④　個々の出来事にとらわれる

人々の考え方が短期的出来事に支配されている組織では，創造的学習は維持できない。出来事だけに集中してしまうと特定の状況には対応できるかもしれないが，総合的な対応はできない。

⑤　ゆでられたカエルの寓話

徐々に忍び寄る脅威に対しての不適応が理由で多くの企業が倒産する。その理由を説明するためにこの寓話がよく使われる。いきなり熱いお湯にカエルを入れれば，カエルはすぐに飛び出す。しかし，徐々に水を熱してゆくと，カエルは逃げる機会を逸して，やがてゆでられて死に至る。

ペースを落とし，重大な脅威を引き起こす緩やかなプロセスに目を向けることを学ばなければ，カエルと同じ運命をたどる。

⑥　体験から学ぶという錯覚

人は経験から多くのことを学ぶ。しかし，組織が重要な決定をした場合，その影響と結果は何年，何十年にも及ぶ場合があり，その帰結を直接経験しない。したがって，自らの体験学習の地平だけにこだわっていては，最も重要な問題を把握できない。

⑦　経営チームの神話

経営チームは組織のさまざまな機能と専門分野を代表する有能で経験豊富な管理職の集まりである。しかし，企業におけるチームは，度々縄張り争いをする一方，個人の体面を汚すことは避け，結束したチームを装う。そしてイメージを保つため，意見の不一致を抑え込み，重大な疑問を投げかけることを差し控える。そのため，チーム全体で複雑な問題を解決するための学習を避ける。

7．3　学習する組織のための５つのディシプリン

①　システム思考

物事を観察する場合，木を見て森を見ていない場合が多々ある。それではシステムを理解できない。外側に目を向け，より大きなシステムを明らかにすることで，相互に関連する問題を明らかにすることができる。

構造が行動に影響するので，構造を明らかにすることが，問題を解決するために効果的な手段を見つけることにつながる。

② 自己マスタリー（熟達）

組織は，個の集まりであり，個の成長が重要である。自己マスタリーは能力を深め技術に熟達することを言うが，さらに心の成長を必要とする。人生を受け身の視点ではなく，創造的な視点で生きることである。それには，自ら選択し，結果を重視するクリイエイティブ・テンションを作ってゆくことが重要である。

そのためには，個人的ビジョンを明確にすることが第一歩となる。それを客観的に分析し，正直な気持ちでありのままに把握し，目標に向かってゆく緊張を作るのである。そこで妥協してしまうと，目標を引き下げるエモーショナル・テンションに取って代えられてしまう。

③ メンタルモデルの克服

人は知らず知らずのうちに信念を形成し，それを基本に行動をとる。しかし，それにとらわれてしまっては，真実の追求はできない。メンタルモデルを克服し，異論を受け入れる開放性を持たねばならない。

人はさまざまなデータと経験から，あるものを選択し，それに意味づけを行う。そして仮説を立てて結論を得，それが信念の形成につながる。この成功体験による信念が学習を妨げることになる。クリステンセンは『イノベーションのディレンマ』で**成功の逆襲**として指摘している。心の中で探求と主張の対話を繰り返し新たな状況に対応できる学習をしなければならない。

④ 共有ビジョン

これは，パートナーシップに基づいて，ビジョンを分かちあうことを意味する。決して全体のビジョンに服従することではない。自由な選択から生まれたエンゲージメントが必要である。共有ビジョンは，個人ビジョンから生まれる。個人ビジョンの共有ともいえる。これによって，個人の活性化が可能となるのである。そのため，共有ビジョンの構築にあたっては他者の意見を聞き，他者に選択の自由を許すことが重要である。

⑤　チーム学習（オープニング・エッセイ参照）

チーム学習は個人ではできない。集団的知性を構築することである。そのためにはダイアローグ（対話）のプロセスが必要である。ダイアローグとは，「共通の言葉を発見する」ことを意味する。これは，結論を出すことが目的ではなく，合意を求めない，自由で創造的なものである。お互いの意見を戦わせるのではなく，異なった意見を同僚として尊重し，新しい考えを見い出すことである。自分の意見を防御するだけに陥ることなく，客観的に検討の対象にすることがチーム学習にとって重要な要件である。

8. キャリア開発

8. 1　キャリア開発とは何か

日本は今まで，職能資格制度や OJT を中心に組織主導のキャリア開発を主体としてきたといってよい。労働者の所属意識が強く，自律的にキャリアを形成してゆくという意識が弱かった。しかし，今後の変化に対応するため，個人主導のキャリア開発が課題となる。

キャリア研究の泰斗である**エドガー・シャイン**は，組織の 3 次元モデルを提唱し，キャリア・デベロップメント・プログラム（CDP）の重要性を指摘した。これは，図 6.6 のようにキャリアを階層，職能，中心化の 3 つの次元で見ることによって，開発すべきキャリアの方向を表したものである。

まず，キャリアレベルは，階層的な職位のレベルを意味する。中心度・重要度は，企業や組織にとって，中枢的な役割を持つ方向を示している。そして職能，キャリアパス・キャリアフィールドは，職能の領域を表し，いくつかを経験することにより，キャリアの領域が広がり，一定の領域で専門性を深めることができる。このような位置づけを認識しながら，組織内に **CDP（Career Development Program）**の必要性を指摘しているのである。

今までは，このキャリア開発を組織主導で行ってきたが，内発的な人的資源開発という観点に立つとき，キャリア開発の過程で，個人主導の方向性が重要

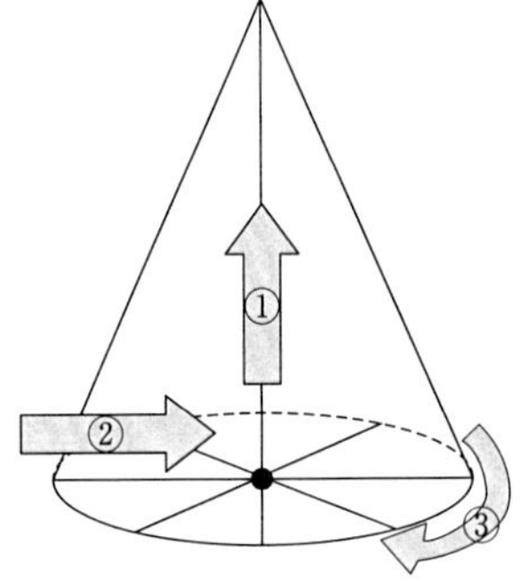

図 6.6　キャリア開発の 3 次元モデル

になってくる。例えば，個人が持つ資源の可能性（資質）を引き出すために，「強み」は何かを意識して，そこに焦点をあててキャリア開発をすることが，個人主導のキャリア開発につながる。

8. 2　キャリアと CDP

シャインは，「キャリアとは，生涯を通しての人間の生き方・表現である」と言っている。キャリアは表現して初めてわかるので，仕事をやる前から，キャリアが明確になることはない。キャリアの開発は，仕事と自分，組織と自分の相互作用によって形成されてゆく。いわば，人生の証となるもので，人生にとって重要な意味を持つ。

人間主義的視点 ⇒ キャリアは生き方の表現であり，
人生にとって重要な意味を持つ

そして，能力と動機と価値の相互作用の結果によって，**キャリア・アンカー**（船の“錨”（アンカー：Anchor））を見出すことができるとし，それを予期することはできない。キャリア・アンカーとは，キャリアを選択する際に，最も大切で，これだけはどうしても犠牲にできないという価値観や自分の軸のことを意味する。

キャリアとは，職業を通して，自分の内から外へと表現するものであり，表現して初めて自分にも認識でき，その軌跡を見ることによって，自分のキャリア・アンカーを知ることができる。シャインはそれが見えてくるのは，10年以上かかると指摘している。

これを**内的キャリア**と**外的キャリア**で説明することもできる。外的キャリアは外形的な職業で，他人からも見える実際の職業である。内的キャリアは，自分で見えているもので，仕事観，やりがい，使命感など，認知的キャリアである。内的キャリアを明確化するためには，もともと自分の中にある仕事における自己イメージを引き出し，外に表現して明確化させる。その過程はなかなか自分で見ることができないので，キャリアカウンセリングやキャリアコーチングでサポートすることが重要となる。

表6.1のようにシャインは，学校卒業後の課題は，内的キャリアを探求することであり，その過程で自分に自信を持つことであるとしている。まずは実際に職業に就いたその場で経験を積み，内的キャリアの探究をしながら，外的キャリアに近づくことである。**Creative Opportunism（創造的機会主義）**で，与えられた機会に乗っかって創造性を発揮した方がうまくいくことが多い。最

表6.1　キャリアサイクルと課題

段階	直面する一般問題	特定課題
成長・空想・探求 (22歳位まで)	1. 職業選択の基準を決める 2. 空想を実行可能な現実的考えにする 3. 社会環境を評価する 4. 適切な教育・訓練	1. 自身の欲求と興味 2. 能力開発 3. 職業モデルをみつける 4. 価値・動機を開発 5. キャリア選択を広くできる学業 6. 試験的なアルバイト・インターン
基本訓練 (16歳～25歳まで)	1. 仕事や職場での現実を知ってショックを乗り越える 2. できるだけ早くメンバーになる 3. 仕事に慣れる	1. 不安を克服し，自信を持つようになる 2. 文化を知り，こつを知る 3. 上司や同僚とうまくやる
キャリア中期 (35歳～45歳)	1. 自分のキャリアを再評価し，キャリアの変化を考える 2. 他者への助言者になりたい	1. キャリア・アンカーを知る 2. 家族や他者との新しい関係を構築する

出所：シャイン（1991）。

初から，すべて新しい機会を自分で作るのは難しい。すぐには無理でも内的キャリアの探究を粘り強くするべきであることを示唆している。

参考文献

Robbins, S.（2018）*Essentials of Organizational Behavior*, 4th edition, Pearson.
エドガー・シャイン（1991）『キャリア・ダイナミックス』白桃書房。
クレイトン・クリステンセン（2001）『イノベーションのジレンマ』翔泳社。
経営学検定試験公式テキスト（2004）『人的資源管理』中央経済社。
ジョン・カッチュエンバック，ダグラス・スミス「チームとグループは異なる」*Harvard Business Review*（日本版 2004 年 12 月）
根本孝（1998）『ラーニング・シフト』同文舘出版。
ピーター・センゲ（2011）『学習する組織』英治出版。

第7章

労使関係と中核的労働基準

到達目標

○労使関係と人的資源管理の関連性を理解すること。
○日本的労使関係の特徴を理解すること。
○中核的労働基準の重要性を理解すること。
○今後の労働組合の課題について考察すること。

【オープニング・エッセイ】

社会における労働組合の役割

社会において，労使関係は非常に重要である。労働組合の組織率が低下している中で，存在感が低下していることは世界的な傾向ともいえるが，本来の機能を果たすことが期待される。基本的人権として「結社の自由」と「団体交渉」は，国際的な企業の社会的責任の中核的な基準として尊重されるべきである。ここから産業平和が維持され，社会正義が守られていく。労働組合は，労働者の利益を代表する団体であり，その権利を正当に行使しなければならない。では，どのようにしたら労働組合の社会における機能を健全に発揮していけるのだろうか。

第一に，組織率が低下している今，労働組合は，組合員だけの利益だけでなく，労働者の**幅広い声**（Voice）を代表して行動しなければならない。労働組合は，伝統的に男性正社員中心の組織のイメージがあり，組織化されていない女性や，非正規労働者の利益とはたびたび相反すると言われ，組合員だけの利益を代表しがちだと指摘される。しかし，部分益を優先して全体益を軽視してしまえば，社会における労働組合の役割が矮小化されてしまう。

第二は，団体交渉内容の**多様化**および妥結内容の**重層化**と**高度化**である。伝統的な春闘における賃金交渉のように，一律的に相反する要求を提示し，その妥協点をはかるという単純な交渉では，価値的なソリューションにはつながらない。労働者のニーズの**多様化**もあり，使用者とのウィン・ウィンを探る価値的な合意を目指すべきである。日本の労使関係の強みである交渉と協議のバランスを通じながら**重層的なレベル**での労働条件や職場環境における具体的成果への結実が求められる。

VUCA の時代，すなわち不安定な変化の時代を生きる中で，いろいろな判断と決断をしなければならない。その時，アリストテレスが提唱する「中庸」という道を探る行動が参考になる。中庸とは，中間ということではなく，「ど真ん中を射抜くこと」を意味する。的を得るとは，丸い的のど真ん中を射抜くことである。大きすぎる要求も小さすぎる要求も，その妥協点はどちらも価値的な結果を生まない可能性が高くなる。中庸とは，状況に従って最も的確な解決策を求め，時には第三の選択肢を生み出していくことである。それは簡単に白黒つけられるものでなく，協議を通じながら価値的な提案をその都度提示しながら，相手側と合意することという**高度な交渉**が必要となる。

第三は，**SDGs との関連を強める**ことにより，社会における労働組合への存在感を高めることである。17 の目標のうち，目標８の「働きがいも経済成長も」は，労働条件と職場環境の話し合いと成果を通して，労働組合が本来の活動として行っていることである。その他の目標とも関連する活動が多く考えられる。これらを通し，**市民や NPO との連携を広げる**ことにより，新たな分野での存在感が増してゆくであろう。

社会における重要なステークホルダーとして，労働組合の今後の役割に期待したい。

1. 労使関係とは何か？

産業革命以来，労働者の保護と権利を守るために，労働者が経営者と対等にコミュニケーションできる制度が模索されてきた。その結果，労働組合（Trade union）の役割が重要であると認識され，法的にも種々の特権を持つ団体として認められている。労働者は組合員を組織する権利を持ち（**結社の自由と団結権**），経営者と団体交渉をする権利（**団体交渉権**），ストライキの権利（**団体行動権**）が，最も基本的な権利として世界的に認められている。この労働者と経営者（使用者）との関係を **Industrial Relations（労使関係）** と呼ぶが，集団的労使関係とともに個別的労使関係も重要となってきているので，**従業員関係（Employee-Employer Relations）** と呼ばれることもある。

1．1　団体交渉（Collective Bargaining）

雇われる身の弱い立場にある労働者は，自由に労働組合を結成し（結社の自由），団結して自らの声（voice）を代表してもらい，自らの利益を守る活動を行う。労働組合の運営は，税制など国から種々の便宜を受けることができる。この団結権は当然，経営者側も持っており，経営者団体を自由に結成できる。これら団体がそれぞれを代表して，労働条件をめぐって交渉することを**団体交渉**と呼ぶ。経営者は交渉を拒否することは基本的にできず，労働組合に影響を与えることは不当労働行為として禁止されている。

日本では，1955 年以降，春の時期に集中して賃金交渉が行われ，基幹産業が主導的に全国の平均賃上げにつながる基本給の底上げ（**ベースアップ**）をし，日本経済にあったレベル（生産性の上昇以内）に賃金水準が落ち着いてきた。これが公共料金や全国の物価にも反映され，社会の安定につながったとの指摘もある。

賃金の引き上げのみならず，労働時間やワークライフ・バランスなどの労働条件も団体交渉の重要なテーマとなっている。

1．2　日本の労働組合（Labour Union，Union）の特徴

一般的に，労働組合の機能は，①要求機能，②監視機能，③共済機能があり，それぞれ法的にも認められている。

日本の労働組合の特徴として次の点が挙げられる。

第1に，労働組合の形態は①職業別組合，②産業別組合，③企業内組合（企業別組合ともいう）があり，日本では，**企業内組合（enterprise-based union）**が基本であり，9割以上がその形態である。1企業には**単一の労働組合（single union）**という形態がほとんどである。外国では，1企業の中に**複数の組合（multi-unions）**が存在することが多い。

日本の場合，国レベルの**ナショナルセンター**，産業別連合体，企業別の単位組合とレベル分けされる。企業内組合が基本単位で，単一の企業組合が産業別に集まった単産（単位産業別労働組合連合会）のようなものもある。ナショナルセンターの最大組織は，**連合**（日本労働組合総連合会）である。

第2は，すべての従業員がその企業内組合に加盟する**ユニオン・ショップ制**をとっている場合があることである。これは，罰則がないので，例外も存在するが，企業に雇用されると自動的に組合員になるという協定を企業内組合と企業が結ぶのである。組合側は唯一の企業内組合であることで，経営者と強い交渉力を持つことができる。企業側も，窓口が一つであることでむだが省ける。

第3に，長期雇用制のもとで，組合費が**チェックオフ**により給料から1%程度天引きされ，財政的に豊かで安定している。欧米では，産業別や職能別組合が一般的である。

第4に，日本の特徴は，正社員中心の組合員であり，ブルーカラー，ホワイトカラー労働者が混合の組織を作っている。日本の組合の組織率は大企業，それも製造業中心に組織化され，全体の**組織率**は下がり続けている。16.5%（2022年）である。パートタイムや派遣労働者などの非正規雇用が増えたのが，組織率が下がる原因になっている。

第5の日本の労働組合の特徴として，団体交渉のほかに，**労使協議制（joint consultation）**が発展し，生産性向上などの共通利益になる事項を定期的に協

議する場があることである。

1．3　労使協議制

団体交渉以外に協調的な労使関係の推進に役立ってきたのが，日本の労使協議制である。これは，情報の共有を通じて，労使の信頼を促進し，労使共通の利益の増大を図ることによって，労働者の組織コミットメントを高める効果があった。

特に，労使協議制では，ビジネス戦略をも含む情報共有が行われたり，労働者の福祉における相互利益のために種々の施策が考案されるなど，強調的な労使関係の確立に役立った。団体交渉との相違点は以下の表7.1のとおりである。

表7.1　団体交渉と労使協議制の違い

	団体交渉　Collective Bargaining	労使協議制　Joint Consultation
相違点	臨時的 法的 使用者の応諾義務あり 争議行為につながる場合あり	常設機関 自主的 使用者の応諾義務なし 争議行為につながらない

1．4　労使紛争

労働争議（Labour Conflict）が生じた場合，正当なプロセスをふめば，労働者はストライキなどの団体行動を起こすことができる。使用者もロックアウトで労働者を締め出せるが，これも正当な理由が無いとできない。

紛糾した労働争議の解決のためには，**労働委員会**という公的機関が，**斡旋（Mediation）**，**調停（Conciliation）**，**仲裁（Arbitration）**をして解決をめざす。しかし，そうなる前に**苦情（grievance）**が出た場合，企業が**苦情処理機関**を設けることが重要である。

これまでは，経営者と労働組合の集団的労使関係での紛争が多かったが，時代の変遷にしたがって，経営と労働者個人（従業員）との個別的労使関係をめぐっての紛争が多くなってきた。これに対応し，2001年には「個別紛争解決制度」が施行され，労働局長の指導助言や，労働局紛争調整委員会の斡旋制度など，相談システムが設けられた。2004 年には，裁判外紛争解決方法として，**労働審判制**が始まり，裁判に持ち込まずに早期に解決をめざす制度も整えられた。

個別的労使関係の問題の浮上は，企業外の三者構成主義での労働問題の扱いの重要性を示すものである。

1．5　労使関係を人的資源管理はどう見るか

米国で発展した HRM は，経営者が組合に対して対立的な態度があった時期があり，経営側が労働者の労働条件や福祉を積極的に考えるとのアプローチを強調し，**労働組合無用論**にまで発展した。しかし，HRM が英国や他の欧州に広まるにつれ，労働組合の重要性を認識した HRM 論が展開され，大きな潮流になっている。

労働組合は経営にとって最も重要なステークホルダーであり，労働組合との関わりやダイアローグにより，健全な職場環境が生まれるという考え方による。この考え方は ILO により，社会（政府），経営者，労働者の対話を**ソーシャル・ダイアローグ**と呼び，**ディーセント・ワーク**[1)]のための最も重要な条件としていて，普遍的な考え方として認知されている。

【フォーカス】

ILO の三者構成主義

ILO の三者構成主義とは，労働者，使用者に政府を加えた三者により，労働問題を解決するという原則をいう。労働基準の設定にあたって，労働基準の向上を望む労

1）ディーセント・ワーク（Decent work）は，日本語訳で「働きがい」と簡略に訳す場合が多いが，ILO で定義されている意味はもっと広い。まず雇用の機会があることが基本で，その仕事は，権利，社会保障，社会対話が確保されており，自由と平等が保障されたうえで，働く人々の生活が安定し，人間としての尊厳を保てる生産的な仕事のことを指す。

働者側がエンジンとなって促進し，使用者側はそれにブレーキをかける抑制に動く。そして両者の折り合いがつかなくなった場合は，政府が調整に回るという役回りが想定される。また，政府は労働法の執行に責任を持ち，監督と指導の責任を持つ。

伝統的な労使関係では，三者が緊張感をもって相対するという構図であった。人的資源管理では，三者の共通価値を見出し，win-win-win の関係を構築することも視点に置く。生産性向上は，三者にとっての共通価値であるし，労働分配率も共通価値になりつつある。労使関係の構図は大きく変わりつつある。ILO では，労使関係部が廃止され，ソーシャル・ダイアローグという言葉が使われている。しかし，その大前提は中核的労働基準である。

守るべき価値と変わってゆく価値とを見定めていかなければならない。労働分野において，三者では利益を代表できないインフォーマル・セクターや零細企業の労働者がいる。また，市民社会からの声を取り入れる「三者構成プラス」と呼ばれる体制も提唱されている。三者構成の進化が問われている。ILO（2017）*Inception report for the Global Commission on the Future of Work*, Geneva.

2. 中核的労働基準の設定

2. 1　グローバリゼーションと中核的労働基準

企業が世界でビジネスを展開してゆくにあたって，重要なルールがILO（国際労働機関）で定めた中核的労働基準である。国連が定めたグローバル・コンパクトなど国際的なCSR（企業の社会的責任）枠組みの中で最重要なものと位置づけられている。

ILO は 1998 年に，普遍性を持つ労働基準として，**結社の自由と団結権・団体交渉権**，**強制労働の廃止**，**差別の撤廃**，**児童労働の禁止**の 4 分野で中核的労働基準（基本的 ILO 条約）を基本的な労働者の権利として定めた。加盟国は，これを保護主義の手段としないことを条件に，ILO の新宣言として採択したのである。なお後述するように 2022 年，「安全で健康的な労働環境」が中核的労働基準に加えられた。

グローバリゼーションには社会的側面 (Social dimension) が存在する。グローバル化の影響を理解する上で，この社会的側面という概念の理解が不可欠である。欧米のソーシャルという概念の中には，「労働」という要素が含まれる。複数の人間が組織をつくり，職業生活を営み，雇用の場において労使の関係を形成しながら社会的運営を行う，そのような意味が含まれてくる。

社会的側面といった場合，労働の側面と言い換えた方がぴったり来る場合がある。だが，日本語の「労働」はやや重い意味を持つ言葉になってしまった感がある。しかし，労働は本来，人間が行う尊い行為である。単に食べるためだけではなく，生きがいを持って生きるための尊厳ある行為なのである。一人一人の人間がそういった労働のために，他者との関係を形成しているのが，社会の重要な側面なのである。

2. 2　公正労働基準と普遍性

ILO の設立の直接的な契機は，第一次世界大戦のベルサイユ講和条約で，「**永続する平和は，社会正義を基礎としてのみ確立できる**」という認識から，社会正義の主要な構成要素である労働基準を国際的に遵守してゆく仕組みを作ろうとした意思により実現した。それと並んで，経済の国際化に伴って生じる国際競争における公正労働基準の確立の必要性は，ILO（国際労働機関）の設立当初から取り上げられていた。というよりは，ILO の設立にいたる前史から，欧州諸国間の貿易上の国際競争が激化する中で，公正な労働基準の遵守を他国に求めてゆくという動きは ILO 設立まで続いていたといえる。ILO 設立に携わった原加盟国の間にも明確にその意識はあったことは確かである[2)]。

第二次大戦後，フィラデルフィア宣言の採択により，多くの途上国を含めた新しい役割が ILO に加えられた。フィラデルフィア宣言では，「**一部の貧困は全体の繁栄にとって危険である**」との原則を確認し，途上国への支援を実行する枠組みが整えられた。ILO 基準の適用を促進するような技術協力を推進する

2） Charmovitz, Steve（1994）“The World Trade Organisation and Social Issues”, *Journal of World Trade*, Vol.28, No.5, pp.17-33.

ことが，ILO の活動の大きな柱として加わったのである。これ以降の技術協力の主な分野は，雇用促進・労働条件向上など経済発展に関わるものが多く，中核的労働基準に直接関わる技術協力はほとんど発展しなかった。一方，ILO 基準の設定では，労働側の主導により多くの分野にわたる条約・勧告が採択された。

その過程で基準設定の過剰感が途上国，先進国に限らず加盟国に広がり，70年代以降，各国の批准のペースが減速した。公正労働基準の議論が活発化していたのは，米国などの先進国側の動きが契機になってできたものである。しかし，貿易の自由化と労働基準のリンケージの問題が最も強く広範囲に及ぶ議論となったのは，WTO（世界貿易機関）の設立にあたって生じてきた議論である。ここで ILO 基準の「普遍性」をめぐる対立した議論がピークを迎える。すなわち，再び，途上国と先進国との対立の構図が公正労働基準をめぐって浮かび上がってきたのである。

1995 年 1 月に WTO が発足するのにあたって，「貿易体制と国際的に認知された労働基準」の問題が米国政府の主導によって取り上げられることになった。ここで，「国際的に認知された労働基準」とは何かが大きく問われることになったのである。議論の過程で途上国側から強い意見があり，ILO 基準を保護主義の手段にすべきでなく，ILO は独自の観点から普遍性を追求すべきであるという方向性に落ち着いていった。

2. 3　労働における基本的原則および権利に関する ILO 宣言

さまざまな国際機関の場で，労働基準を巡っての議論が活発化し，最終的には ILO に一連の議論についての対応が求められる形になった。ここに至り，ILO は国際労働基準を設定する機関として，より公式に，明確で普遍的なメッセージを送る必要にせまられたのである。結論的にいえば，1998 年 6 月に「労働における基本原則および権利に関する ILO 宣言」（ILO の新宣言）を総会で採択し，普遍的に守られるべき中核的労働基準の明示化を行った。また，これを実効的なものとするためにフォローアップ手続きも定めた付属書をあわせて採択した。この宣言は，労働の基本原則と権利の内容として，4つの分野を明示し，関連の条約を明確化し，宣言文書として規定したことに重要な意味を持つ。

労働基準を，「原則」と「権利」という文言でくくり，誰も否定することのできない**「人権」**基準として位置づけをしたことにより，普遍的な基準として設定されることになった。

2022年「安全で健康的な労働環境」が追加されることとなり，図7.1のように中核的労働基準はそれまでの4分野から，5分野となった。

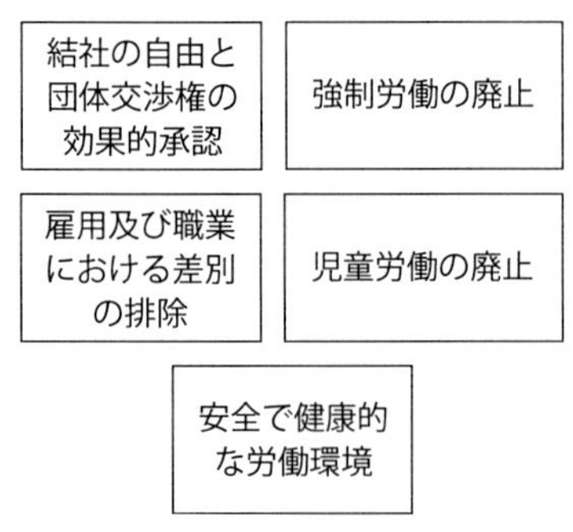

図7.1　中核的労働基準の分野

2. 4　グローバル・コンパクト等国際CSR基準への取り込み

中核的労働基準の設定はCSRの労働の分野に大きな影響を与えた。その最たるものがグローバル・コンパクトの発足であろう。これは1999年の世界経済フォーラムが主催するダボス会議で，国連のアナン事務総長が提唱し翌2000年7月にニューヨーク国連本部の中に事務総長直属のイニシアティブとして発足したものである。これは，企業が世界経済の発展に責任ある形で貢献して行くために，人権，労働，環境における9つの普遍的原則を支持し実践することを約束するという自発的なイニシアティブを促進する仕組みである。2004年6月に10番目の原則である腐敗防止が追加された。

これらの原則はそれぞれ，世界人権宣言，ILOの新宣言，環境に関するリオ宣言，国連腐敗防止であり，9つの原則の中に，ILOの新宣言で規定された中核的労働基準が，企業が守るべき普遍的基準としてそのまま入ったのである。国連は企業とのパートナーシップには慎重な姿勢をみせてきたが，初めてCSRの推進という枠組みで国連の正式のプログラムとしてその連携に踏み切った。CSRで達成すべき普遍的原則の中に，中核的労働基準をその内容として設定したことは，この基準をCSRの中で主流にしてゆくための非常に大きな波及効果を持った。例えば，「ビジネスと人権に関する指導原則」やISO26000等に反映されていった。

人間主義的視点 ⇒ 人権を守ることは普遍的な企業の社会的責任

3. 中核的労働基準と国際競争力

人的資源管理として注目されるべき点は，経営側の中核的労働基準に対する態度の変化である。経営側に，中核的労働基準を遵守することが，自らの国際競争力を向上させる上で重要な要素であるとの認識が広がりつつある。

人間主義的視点 ⇒ 人権を守ることで競争力が高まる

例えば団体交渉権を認めることにより，労働者の参加意識の向上による経済効率を増すことができる[3)]。また，団体交渉によって税制や社会保障制度では実現できない所得の再分配効果を進め，経済全体の効率性を増すことにつながる。多くの研究が，団体交渉や三者間の対話が，技術革新，高い生産性，海外直接投資の誘致，経済社会的危機への対応等にプラスに貢献したとしている。また，児童労働は次世代の人的資源の技能と教育レベルを低下させるために経済発展にとって阻害要因であると指摘する。

ILOの移民労働に関する文献で，差別がなぜ経済的な問題を生じさせるかに

3）Stiglitz, J.（2000）"Democratic Development as the Fruits of Labor", Keynote Address, Industrial Relations Research Association, Boston.

つき理由を列挙している[4]。まず，差別のコストは使用者が払うことになる。差別により，使用者は人的資源を有効活用できず，コストを下げ，生産を増大させることはできない。これを避けることにより，競争優位を得ることができる。差別をなくし，均等待遇を促進することによる経済的メリットは次のように議論されている。

1. 採用の差別により，使用者は，国籍や人種などにこだわれば，採用できる最良の仕事の候補者を見過ごすことになる。
2. 職場で差別を容認していれば，使用者はチームワークの崩壊，高い欠勤率をもたらし，職場規律とコミットメントを減ずることになる。
3. 移民や少数民族はますます大きなコミュニティーを形成し，消費者として市場に大きな影響を与えるようになっている。
4. 多民族を雇用する使用者は，差別的な使用者に比べ，ますます多民族化する社会において，顧客や有能な求職者，投資者に魅力を感じさせることができる。
5. 多様な集団で構成される企業は，同質的な会社に比べ，技能や経験の幅広さを持ち，より創造的になる。新しい考えや代替案にオープンになるからである。

実証的な研究の結果，海外直接投資が低い労働条件を求めて決定づけられるという証拠は裏づけられないことが示されている。むしろ，結社の自由や団体交渉権の承認は政治的社会的安定につながり，児童労働やジェンダーによる差別は人的資本の形成に不利に働き，これらの禁止を遵守している国は，海外直接投資の流入にプラスの影響を与える。

また，国際労働基準をうまく企業経営に取り込んで成功している事例集が，ILO によって出版されている[5]。これらを通じて，経営側の国際労働基準に対する関心が高まり，労使の共通の目標を基礎とした対話が望まれる。

4） ILO（1998）*A manual on achieving equality for migrant and ethic minority workers*, Geneva, pp.10-13.

5） Rogovsky Nicolai and Emily Sims（2002）*Corporate Success through people, ILO*, Geneva.

第8章

モチベーションと成長のためのリーダーシップ論

到達目標

○組織行動論の概要を理解すること。
○モチベーション，内発的動機づけ論を理解すること。
○状況対応的リーダーシップを理解すること。
○人と組織の成長のためにリーダーシップが重要であることを理解すること。

【オープニング・エッセイ】

自己実現を解き放つ―創造性の源泉，健康的な組織の構築

メロスは走っていた。友との約束を守るために。また，自分の名誉を守るために。濁流の大河を渡りきり，山賊と戦い，すり抜けて困難を乗り越えて走った。しかし，体力・気力共に限界に至り，一歩も動けなくなる。諦めの気持ちも出てきた。

浅い眠りの後，メロスは大地から湧き出る泉を見つけ，そこから水を飲む。メロスは再び走り出す。今度は何か違う。血を吐きながらも，自分の限界を超えても走った。約束を守れないかもしれない，名誉を守れないかもしれない。でも，もっと大きなもののため，とにかく自分のすべてをかけて走った。

日没直前，はりつけにされた友の前に疾駆し，遂に約束を果たす。その姿はそばで見ていた悪王をも改心させ，メロスも友も解き放たれた。（太宰治『走れメロス』より）

◆

メロスは最初，友との約束のため，自身の名誉を守るために走った。しかし，泉の水を飲んだ後のメロスはそれを超えるもののために走った。それは「自己実現」のために走ったといえまいか。

自己実現とは，人間主義心理学を説いたマズロー（1908-1970）が作った言葉である。マズローは，自己実現欲求を，誰もが本然的に有している高次の欲求であるとする。これは，他の欲求と異なり，決して外からは動機づけることのできない内発的な欲求である。自分が持っている資源を最大限に発揮して，自分らしくありたい，自分の本領を発揮したい，そしてもっと大きなものに向かって成長したいという欲求である。

メロスは，泉の水を飲む。太宰の真意は知らないが，これは自らの胸中からこんこんと湧き出ずる泉を示唆しているように思える。いずれにせよ，自己実現は人間の無限の力と成長を示唆する概念である。

『マズロー・オン・マネジメント』（邦訳『完全なる経営』日本経済新聞社）というマズローによる著作が1998年に米国で復刊され，ビジネス界をはじめとして大きな反響を広げた。これは，もともと1962年に『健康心理学的マネジメント』と題して発刊されたものであるが，リーダーシップ論の権威であるウォーレン・ベニスなどの協力により現代的に編集されて再び世に問われたものである。

マズローは，自己実現は創造性の源泉であると考えていた。創造性も自己実現も外から強制することはできない。もともと組織の構成員に備わっているものだから，むしろ組織が創造性の発揮を邪魔しないようにすべきだと論じている。さらに，組織が人の自己実現欲求を解き放ち，創造性を解放してゆくことが大事だと論じる。

人を働かせようとするのではなく，自己実現を支えながら喜んで事業に参加して関わってもらえるエンゲージメントをいかに高めるか。そのための人間の解放，精神の民主化が必要なのだ。これは企業経営の現代的課題である。

マズローは自己実現と創造性の発揮のために，自信を持つことの重要性を指摘する。それは自身の中にある無限の可能性の自覚と確信から始まる。自己実現しようとする人は，どんな変化にも自信を持って対処できるという。

反対に，自信のない人や組織は，慣例化を過度に行い，すべて順調に予期したとおりに進む手立てをしようとする。あるいは自分の立場が脅威にさらされないようにと差別化する。組織が慣例や儀式でメンバーを束縛し，階層化して身分の安定を求めるのは，自信がないことの裏返しといえる。その組織に創造性はない。

マズローは当初，精神的機能不全にかかった人々を治療してゆくことに関心があった。後に，健康的なマネジメントを実現してゆくことが，影響を与える人の規模ははるかに大きいとして，心理学の組織への応用，特に企業の経営に大きな関心を寄せた。その際，個人の自己実現欲求は本能によらないので非常に移ろいやすいものととらえた。そのため，個人の自己実現を可能にするためには，他人の自己実現を喜んであげられる健康的な組織が必要だと考えた。また，そのような組織には，健康的な社会が必要であり，その実現はすべての人を巻き込んだゆっくりとした革命になると論じた。

組織の構成員が，やきもちを焼かず，他の人の自己実現を喜ぶことができてこそ，創造性に満ちあふれた組織ができる。メロスは幸せであった。メロスの自己実現の姿を悪王でさえ喜んだのだから。

1. モチベーションと内発的動機づけ

1．1　組織行動論とは

人的資源管理との関連で，**組織行動論（Organizational Behavior）**という分野が確立されつつある。人的資源管理の分野において，具体的な行動が重要であり，それに影響を与える対人関係スキルの重要性が高まった。「人間行動」を理解することが，マネジャーの対人スキルの有効性を決定づけるとして発展したのである。

人がどのような行動や態度をとるのかということについて，科学的な分析によってその原因と結果を明らかにし，人や組織をマネジメントするための体系的な学問であるといえる。

図8.1のように，人と組織のマネジメントという観点からは，人的資源管理論が人のマネジメントを組織の「仕組みと慣行」を総論的に扱うのに対し，組織行動論は個人・集団・組織の「行動への取り組み」に焦点をあてた分野であると位置づけることができる。

また，人的資源管理は，マネジメントと名がつくとおり，組織目標を達成す

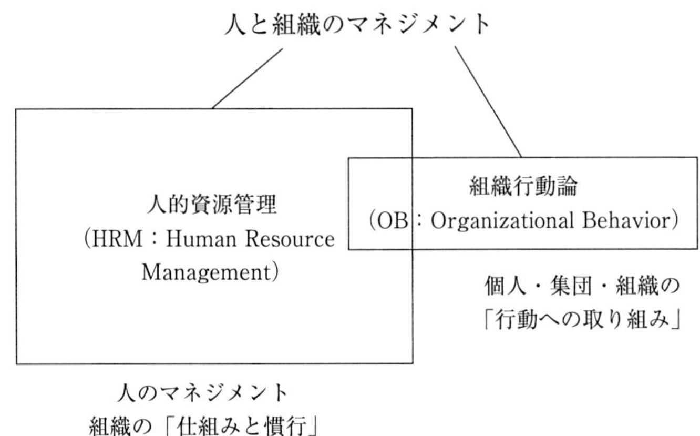

図 8.1　人的資源管理と組織行動論

るためという枠組みがあるが，組織行動論はその枠組みにとらわれるものではない。組織行動論の代表的なテーマに**リーダーシップ論**があるが，これは，人と人の関係（リーダーとフォロアー）によって，行動と態度の面で望ましい方向に変化させる（リードする）ものである。

組織行動論の関連の学問分野としては，心理学や社会心理学にとどまらず，社会学，人類学，政治学などに及び，組織行動をめぐる総合科学的なアプローチを持つ。

1．2　モチベーションとは何か

人的資源管理の歴史でも触れたように，ハーバード大学でのマネジメントにおける心理学的研究の貢献が始まり，ウィリアム・ジェームズによる能力の発揮に動機づけ（モチベーション）の程度が影響することが示された。それ以降，人間関係論を経て，人間主義心理学と呼ばれる新人間関係論の流れの中で，動機づけの研究が大きく展開してゆく。

動機づけとは，個人の内部にある**動因 (Motives)** と外にある**誘因 (Motivator)** の相互作用によって生じる。この相互作用のプロセスで，誘因を得たいという目標指向行動を起こして，目標を得るための直接的な目標行動を起こす。例えば，空腹であるという動因があり，空腹を満たしたいという誘因があるとする。その相互作用によって，食事をするための準備行動，例えば，食事の準備をしたり，レストランに向かったりする目標指向行動をとる。そして，食事をとるという目標行動で欲求が満たされ行動が終了する。動機づけとは，目標達成にむけて行動を惹起し，完遂に至るまでその行動を持続させる「心理的エネルギー」なのである。このように，動機づけが行動を起こす大きな要因であるので，組織行動の中核的なテーマになっている。

動機づけの解明が，人間行動と態度を決める源泉であるとの認識から，動機づけの質により行動が変わってくるという議論が始まった。特にマズローの欲求５段階説は，自己実現欲求が，外から動機づけられる欠乏欲求と呼ばれる他の欲求とは違い，自分に宿った創造性を最大限に活かそうとする内発的なものであることを示唆している。これは，動機づけとは「外からつける」もののみでなく，**内発的動機づけ**（intrinsic motivation）を内包していることを意味している。その意味からは，日本語の動機づけと言う用語は望ましくない。英語のモチベーションとは動機を「つける」ものではないので，英語の使用が望ましい。日本語の「動機をつける」という用語では，モチベーションに対する理解につながらない可能性がある。

モチベーションの関連用語として，**モラール**（morale）があるが，これは勤務態度などと訳され，集団の属性を指すので，個人の属性であるモチベーションとは違う。

また，満足という概念とも相違する。ハーズバーグのいう衛生要因は環境要因とも呼ばれ，外部の環境によって満足するが，それ以上の満足を生むことはできない。例えばある一定の報酬を手に入れれば，それ以上の報酬を得ない限り満足を増すことはできない。むしろ，一度その環境がなくなると不満足が大きくなってゆく。

一方，動機づけ要因は，満足を生み出す要因で，向上すると満足を感じる。動機づけ要因は低下しても不満足を増大することはなく，満足がなくなるだけである。例えば，職務充実による仕事の面白さを感じれば，退屈な仕事や受け身の仕事をしたとしても，すぐに仕事を放り投げるまでの不満足を感じることはない。能力を伸ばすために耐えることができる。このように動機づけ要因は，ヒトの能力を伸ばすために重要な要素として認識されるようになった。

1．3　マズローの欲求階層理論

アブラハム・マズロー（1908年～1970年）は，臨床心理学の研究を始めたが，より広い人たちに健康的な生活をもたらすためには，健康的な経営を実現することが影響力が格段に増すことに気づいた。そして，後半生は経営者の求めに応じて，工場などの運営に携わりながら研究を続けた学者である。

生理的欲求，安全・安定欲求，所属欲求，承認欲求と低次から高次への欲求が出現し，欲求は満たされると欲求ではなくなるとした（図8.2参照）。承認欲求までは，外から動機づけられ，足りないものを満たすという欠乏欲求であるのに対し，最上欲求の**自己実現欲求**は人間のかけがえのない存在そのものに関わる欲求であるとする。欠乏欲求は生物的基礎が強く，本能が働いているが，自己実現は弱い本能に基づき，健全な社会のマネジメントが必要である（マズロー，『完全なる経営』）。

マズローのこの理論は，米国の経営者たちに大きな影響を与えるだけでなく，「自己実現」という言葉は世界的共感を呼び，世界規模で経営に大きな影

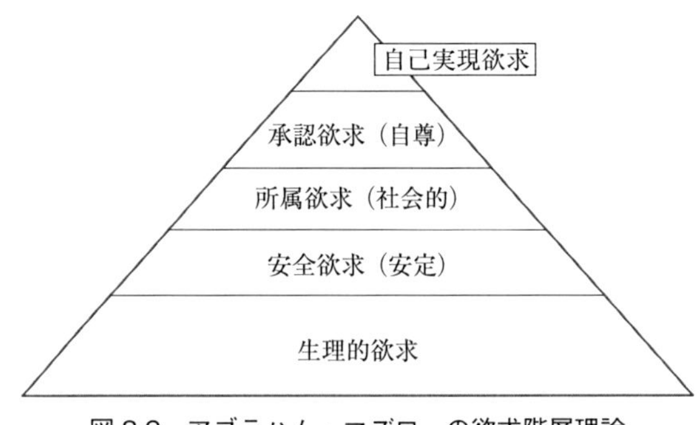

図8.2　アブラハム・マズローの欲求階層理論

響を及ぼした。マズローが発明した言葉である「自己実現」は日本でも日常用語として普及している。

自己実現を可能にし，人間の持つ可能性を発揮して，創造性を発揮するためには，外から創造性を働かせようと動機づけるのではなく，誰もが持っている創造性を解き放てるよう支援する，という重要性を暗示している。外からの管理ではなく，内にある可能性を引き出すというアプローチが，人間主義心理学と呼ばれる理由であり，人間主義経営につながる概念であると着目することができる。

1．4　ダニエル・ピンクの内発的動機づけ論

近年，米国で内発的動機づけについてベストセラーになった著作が，ダニエル・ピンクの『モチベーション 3.0』(2010) である。ダニエル・ピンクは，工業社会の OS である外的動機づけから，新しい時代の OS を作ってゆく必要性を強調し，内発的動機づけの次の3要素を示している。すなわち，①自律性（自己決定の有無），②マスタリー（熟達）skill と challenge の相互向上，そして③目的（意味づけ）で，自分以外のより大きな目的があるかどうかが鍵となる。

これらの条件を満たし，内発的動機づけを引き出した時，人は活気に満ち創造性を発揮する。

1．5　内発的動機づけを促す働きかけとは―リーダーシップ論の検討

この内発的動機づけ理論の高まりにより，リーダーシップ論の重要性がますます浮上した。組織の働きかけによって，意欲が増し，能力が上がり，成果につながる。人と人の価値的な関係によって，個人の発展，組織の発展，社会の発展へとつながる。それを考え，実践するのが，「リーダーシップ」論である。

谷内 (2004) は，Tannenbaum (1961) を参照しながら，「リーダーシップとは，ある状況のもとで（状況優先），コミュニケーションを通じて（基本的手段），目的達成のために（目的），他者に及ぼす影響力（プロセス）」と定義している。

このリーダーシップ論は，どのような特徴を持てばリーダーとしてふさわし

いかという**特性理論**から始まった。この議論は今でも魅力的で人気があるが，誰でも活用できるというものではないため，人柄と切り離した行動，**スタイル理論**に移行し，やがて同じ行動がいつでも効果的でないとして，**状況適合理論**に議論の力点が変わっていった。

この流れの中で，**K. ブランチャード**と**P. ハーシー**らの**状況対応的リーダーシップ理論（Situational Leadership Theory：SLT）**が提唱され，長く大きな影響を与えてきた。相手を大事にするという本書の人間主義的な視点から，このリーダーシップ論の枠組みを使い，現代的なリーダーシップ手法を位置づけ，実践につなげられるように整理したい。

2. 状況対応的リーダーシップ

2. 1　状況対応的リーダーシップに注目する理由

このリーダーシップに注目する理由は以下の3つである。

①　サーバント・リーダーシップであること。

「仕えることは導くことにつながる」という逆説的なリーダーシップ論は，2001年9.11以降のアメリカにおいて大きな影響を与えた。ブランチャードは，奉仕の精神を持つリーダーの育成を提唱し続けている。組織のビジョン・目標のために最前線の現場の人を大事にし，そこに奉仕してゆくことが，リーダーの最も重要な役割であるとし，人的資源管理を考える上での人間主義的な視点を持つといえる。

特に内発的動機づけ論の強調するところは，管理する側と管理される側の関係を転換する必要性である。管理からリードへの転換のためには，管理する側が強制から，相手の可能性を引き出すアプローチをとらなければならない。それは，リーダーが「仕えること」に転換すべきだというのが，サーバント・リーダーシップの考え方である。フォロアーがあってこそのリーダーということで，フォロワーシップ（Followership）という概念も示唆している。

②　インサイド・アウトの人的資源開発的アプローチを持つこと。

開発の概念のように，押し出すより，引き出すインサイド・アウトのアプローチをとり，リーダーとフォロアーの関係の方向は，フォロアーの内発性を重視する。人間の可能性に着目した人間主義的な視野を持つ。

これは，後述するコーチングに代表される引き出すアプローチを重視する。コーチングの原則は「その人が必要とする答えは，すべてその人の中にある」と考えることである。答えは外から与えられるのでは意味がなく，自分から生み出さなければ，その人の身につかない。

③　その人の成長段階に合わせ，より高い成長を目指すという，無限の可能性を引き出すアプローチであること。

成長したいという誰もが持つ欲求は，内発的動機づけにより強化され，自律性・創造性を伴う成長は，人間の無限の可能性を追求するものである。ヒトの成長と組織の成長を両立させるものである。自律に向けた個人の成長を通して，種々の変化に個々に対応することができ，持続可能な発展につなげることができる。

2．2　状況対応的リーダーシップの概要

リーダーシップを発揮しようとするとき，相手の状況をいかに把握するか。現実の業務の中で，それを判断するのは困難である。種々の状況の中で，優先して判断するように絞って見なければならない。行動科学の研究の中で，相手の状況の中で最重要の判断基準が，仕事に対しての**意欲と能力**の2つである。

リーダーの影響力は，まず相手が仕事に意欲を持っているかどうかで決まる。意欲がない人に影響力を行使することは難しい。意欲も局面によって，**やる気**，**動機**，**自信**，**コミットメント**と現れ方が変わっていくが，大括りにとらえる。

第二に，能力の側面である。取り組んでいる仕事をする上での能力がどうかによって，影響力の形を変えていかなければならない。能力も，**知識**，**経験**，

表 8.1　フォロアーの状況（成長段階における意欲と能力の動き）

R4	R3	R2	R1	成長段階
高い	低い	高い	低い	意欲
高い	高い	低い	低い	能力

自律　　　　他律

スキル（技能）などと構成要素はバリエーションがあるが，これも大括りに考えてゆく。

表 8.1 のように，この意欲が高いか低いか，能力の高いか低いかを組み合わせた 4 つのパターンで，状況を判断するのが，状況対応的リーダーシップの特徴である。このフォロアーのある特定の業務に対する成長段階の状況を**レディネス（Readiness：R）**と呼び，それぞれの組み合わせを R1 から R4 に分ける。ある特定の仕事というのは，仕事が変われば成長段階は変わってゆくので，人格的な成長段階を表わしているのではないことに留意する必要がある。

成長段階という言葉を使ったのは，他律から自律へ移行する過程であるためである。まず成長のためには，特定の仕事に取り組む意欲がなければならない。意欲があって仕事を経験することで能力がついていく。意欲は能力に先行するのである。また，自律へと向かう R3 の状況で，意欲要因が低くなるのは，自律への試練である。他に依存できない状況になり能力はある程度身に着いたにもかかわらず，不安が大きくなり，自信がなくなったりする。

次に，影響力の形を**リーダーシップ・スタイル（S）**と呼ぶ。リーダーシップの行動スタイル研究で，二軸に集約される，課題指向の**指示的行動**と人間関係指向の**協働的行動**に分け，高いか低いかの 4 つの組み合わせで考える。これを S1 から S4 のリーダーシップ・スタイルとする（表 8.2）。

ブランチャードらは，このフォロアーの状況とリーダーシップの行動スタイルの最適な組み合わせを図 8.3 のように表した。これが，状況対応的リーダーシップ・モデルとなり，リーダーシップの研究と実践に大きな影響を与えた。

表 8.2　リーダーシップの行動スタイル

S4	S3	S2	S1	働きかけ
低い	低い	高い	高い	指示
低い	高い	高い	低い	協働

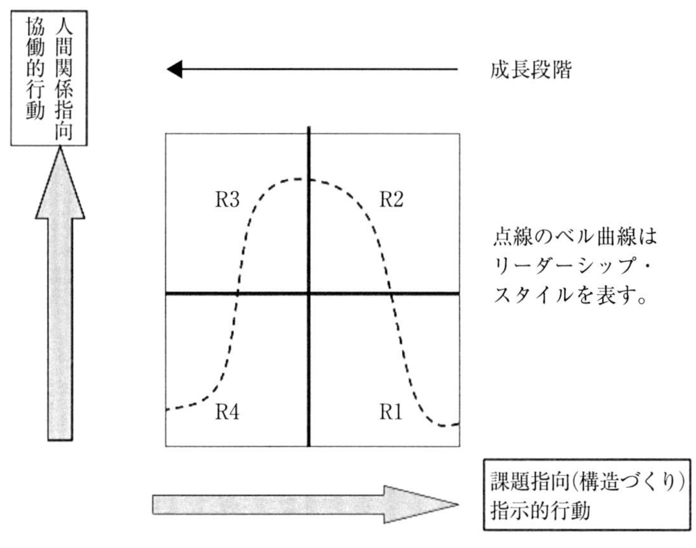

図 8.3　状況対応的リーダーシップの概要

この図で最適なリーダーシップ・スタイルは，点線のベル曲線で表している。右から左へ追ってゆくと，フォロアーの状況が R1 から R4 へ上がるにしたがって，指示的行動は一貫して減少するが，急激に減らしてはいない。また，協働的行動は，低いところから高くなり，また低くなるというベルのような山形の曲線を描く。

レディネスが高くなるということは，能力も意欲も高くなるための行程と考えることができる。これは，人間の成長ととらえることができ，すべての人が求める欲求であるといえよう。その意味で，状況対応的リーダーシップは，フォロアーの状況に合わせた最適なリーダーシップ・スタイルを示すと共に，人

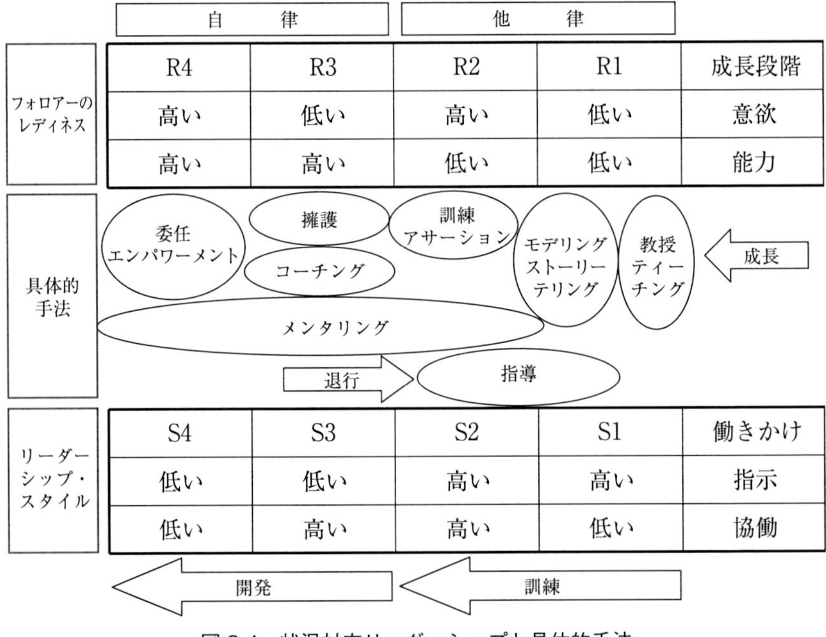

図 8.4　状況対応リーダーシップと具体的手法

を成長させるためのリーダーシップを示している。

図 8.4 は，この枠組みに具体的なリーダーシップ手法を入れ込んだものである。以下，R1 から R4 のフォロアーの成長段階に従って，それぞれの状況に適合するリーダーシップ・スタイルと具体的実践手法について説明する。

2. 3　状況的リーダーシップの実践

①　R1：意欲・能力低い成長段階 → S1：指示型行動が有効

意欲の低い人に何かをやるようにすることは難しい。こちらを見ない人を信じて待っていても，見向きもしてくれない。このときは，やるべきことを指示することが重要である。人間関係指向の協働的な働きかけは，かえって依存を生み，行動を生み出す効果は少ない。

指示通りに行動させ，小さな成功を経験してもらう。小さな成功をさせるために，成功の道筋を知っているリーダーが指示をして，実行させ，最初の成功を体験させることである。その小さな成功が自信を内発的に引き出し，意欲を増す。この指示をしっかりできるかどうかが重要なので，新人の教育を力があるリーダーに任せることが重要である。

リーダーにとっては小さな成功だが，フォロアーにとっては重要な最初の第一歩である。リーダーは失敗しないように，また失敗しても致命的な失敗にならないよう，**安全基地**を作ってあげることが重要である。このことを**Scaffolding（足場をかける）**ともいい，種々の分野で注目されつつある。

この場合，**ティーチング**と呼ばれる教授法が最も有効であるといえる。ティーチングは，懇切丁寧に説明する → 実行させて成功させる → 成功により，仕事の面白さを実感してもらう → 成功させることにより自信が生まれる → 成長の軌道にのせる，というプロセスをたどる。これは新人には最も重要で，リーダー側の責任が大きいといえる。

【フォーカス】

新人をいかに育てるか―目標設定と称賛で成功体験を―

K・ブランチャードは，相手の成長段階に応じたリーダーシップ論を構築し，それを世界に伝道している行動科学者である。相手が「これから」という成長段階のときには，指示を明確にして，教示的なリーダーシップ・スタイルをとることが効果的であるとする。そして，意欲が高まっていけば，共に協働して支援的な働きかけをしていくと同時に，相手の主体性を引き出す努力をしていく。相手の意思を尊重しながら説得的なリーダーシップ・スタイルにつなげていかなければならない。

このような働きかけによって，新人は実績を積み，やる気や自信をつけていく。能力をつけるには，やる気がなければどうしようもない。あるアメリカの研究によると，組織の働きかけに応えて最も大きく実績を上げるのは，新入社員の１年目であるという。この時期に，成功体験をさらに積ませ，成長への軌道にのせるかどうかがその後を決める。

では具体的にどうすればいいのか。それは１分間でできると説いた本がある。ブランチャードがS・ジョンソンと著した『１分間マネジャー』（ダイヤモンド社）である。これは80年代初頭に出版され，大ベストセラーとなった。

この本は，マネジャーが部下に大きな成功をもたらす3つの秘訣を物語にして説明している。

第1は，1分間の目標設定を共に行うこと。やるべきことを明確にし，その成果がはっきりわかること。目標は上司と部下が1枚の紙で確認できる簡明なものでなければならない。目標設定とその行動がその人の成長につながっているとわかると，新人の意欲は倍増する。

第2は1分間の称賛である。よくあるダメなやり方は，放っておいて，できるまで待つという方法だ。これでは最後に失敗する可能性が高い。失敗すれば，誰も思い切ってまた何かやろうという気持ちにはならない。特に新人には，称賛できる状況をつくること。そして，少しでもその方向に進んだら称賛して励ますことである。新人が成功を得るまで，リーダーの責任なのである。

第3は1分間の叱責。望ましくない行動を自分で確認したら，すぐ具体的に注意することである。いけないやり方は，我慢して最後にぶちまけること。叱責の目的は問題行動を取り除くことであって，その人間を守ることだからである。この3つの働きかけを成長段階に合わせて適宜行うのだが，新人に叱責は打撃が大きく極力避けるべきだ。

新人を育てるには，何より成功体験を積ませることである。それにはリーダーが，誰もが勝者になれると確信し，現実に勝者にさせること。その誠実を貫こうとすれば，一人ひとりの成長に合わせてリーダーシップのスタイルを変えていくという発想が生まれてくる。

「人を大切にすること」と「成果をあげること」。組織はどちらかに偏りがちだ。人を育てることによってのみ，2つを両立できる。成長を通じて，人と組織は共生できる。

②　意欲を高めるための手法

意欲がない人に意欲を持ってもらうために，ただ待つだけでは時間の浪費である。指示的に動機づけを行わなければならない。それには，いくつかの方法があるが，注目されている2つの手法を取り上げたい。一つはモデルを示すという**モデリング（Modeling）**で，もう一つは組織に関わる魅力を知ってもら

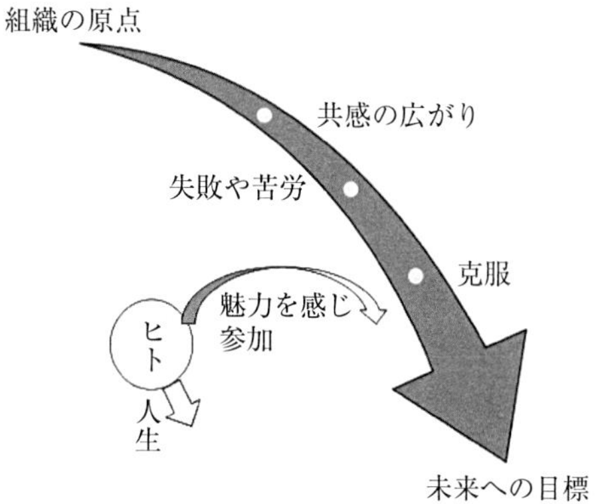

図 8.5　ストーリーテリングの力

うための手法である**ストーリーテリング（Story Telling）**である。

モデリングとは，モデルを見せ，その仕事で「あこがれの存在（モデル）」をつくることである。自分の将来像，自分の目標イメージを持ってもらうことは，やる気を引き出し，仕事へのコミットメントを上げるきっかけになる。脳科学の分野でも，ミラーニューロンの存在が注目されているが，人間はモデルをまねしようとするのである。師匠の存在は，この段階でも大きな影響を及ぼす。

ストーリーテリングは，組織コミットメントを上げる手法である。今の仕事という「点」で説明するのではなく，組織という「線」で説明し，何のための仕事かを理解してもらうことで，モチベーションやコミットメントは上がる。人は，自分を越えて，目的達成に進んでいくことができる組織に魅力を感じ共感を持つ。そして，組織のストーリー（流れ－「線」）を語る中で，点の何百倍もの情報を伝えることができ，組織の価値，組織の実践，組織の文化を伝えることができる。特に組織の困難を克服した物語には，現在の問題を解決し，未来への目標に向かう力を生むことができる（図 8.5 参照）。

③　R2：意欲は上がるが能力はまだつかない → S2：指示と共に協働する

実行し，経験により意欲が高まってくると，さらに促進しなければならない。

能力向上には持続的な努力と挑戦が必要である。フォロアーに意欲が芽生えると主体性が出てくる。主体性は，疑問や思索を生む。この相手の自発性の芽生えがあれば次につなげられるのである。この時のリーダーシップ行動は，指示的行動を継続するとともに，相手の主体性に反応して，協働的要素を増やしていく。相手の理解を促す指示ということで，説得的行動とも呼ばれる。

このプロセスが，能力をつけていく**訓練（Training）**の重要な部分である。指示をして，納得して行動して経験させる。状況対応的リーダーシップ論では，R2 のプロセスは，まず，指示や監督を徐々に減らして，自発性を待つ。そして望ましい行動がとられたら協働的支援を増やすというものである。お手本を見せて，挑戦させ，そして足りないところを補う，という経験・実践的訓練を通じて，能力は伸びる。このプロセスは能力形成の最重要部分と言ってよい。

この説得的リーダーシップで身に着けなければならないのが**アサーション**というコミュニケーション手法である。教えるときに，「体で覚えろ」，「背中を見て学べ」では，フォロアーは納得しない。アサーションとは，さわやかな自己表現と呼ばれ，自分と他者両方を尊重するコミュニケーションで，リーダーシップのためのコミュニケーション手法としても重要である。

自己主張は大きく 3 つの対応に分かれる。すなわち，①アグレッシブ：自分のことを中心に考え，相手のことはまったく考えない，②ノンアサーティブ：自分の感情は押し殺して，相手に合わせる，③アサーティブ：自分の気持ちや考えを相手に伝えるが，相手のことも配慮するという対応である。日本の環境では，②の状況が多いが，どこかでストレスがたまり，どこかで①のアグレッシブな自己主張になりがちである。例えば，外ではやさしく，家庭で暴れるなどの現象がみられる。

アサーションのポイントは，自分の正直な気持ちを大切にしつつ，相手を尊重しながらも伝えたいことを屈折させずに表現することである。これには訓練が必要である。

④　R3：能力は高くなったが，不安が大きくなる → S3：自律への援助・サポート

意欲を持って仕事に取り組み経験を積むと，能力が向上する。ここに至るまでは，リーダー側の働きかけが重要となる。能力がつき，仕事の範囲が広がり責任が重くなると，他律から自律への段階に移行する。多くの組織では，職務上のポジションが上がり，自分で判断し行動することが求められる。

このとき，リーダー側も自律に向けての働きかけをする必要があり，状況対応的リーダーシップ論では，ますます指示を減らし，関係指向の協働のリーダーシップ行動も徐々に下げてゆくことを提唱する。

この時に効果的なリーダーシップの形が**コーチング**と呼ばれるものである。これは，日本でも大きな反響を呼び，関連のセミナーは人気を博している。一つの理由は，日本の組織が密接な人間関係の中で遂行される**ハイ・コンテキスト**（High Context）な特徴を持つことが挙げられる。これは，重要な情報が人間関係などの状況（Context）に含まれ，それを推し量る（空気を読む）ことが重要な社会であると言われている。アメリカなどの社会はロー・コンテキスト（Low Context）と呼ばれ，明快な言葉として説明され，明快な理解が重要とされる社会とは違っている。

しかし，近年のグローバル化によって，今までのやり方では成果がでない状況では，空気を読んで，組織の大勢に従っても，結果につながらない状況が増えてきた。また，採用抑制の時代が続き，人手不足でサポートしてもらう身近なリーダーがいない状況下では，自分で考え行動する自立した自律的な判断と行動が求められている。このような状況下で，コーチングにより，自律的に動ける人材を育成する必要性はますます高まっている。また，コミットメントからエンゲージメントに従業員の関わり方を進化させるためにもコーチングが着目されている。

コーチングは，相手中心のリーダーシップで，相手の中の可能性を引き出すことを基本とする。コーチングの原則は，「答えは相手の中にある」ことを前提に，その「答えを引き出してゆく」ことにある（榎本・増田，2001，pp.50-65）。

内発的に可能性を引き出す「開発」の効果的な手法であるといえる。

コーチングをする側も高い能力が必要とされ，プラスの人間関係を構築する能力，相手が成長の課題・学習の課題を見出すことを助ける能力，フィードバックを与える能力，学習し成長する自己管理を促す能力が必要である。

⑤　退行をストップさせる指導

自律の段階に進むとき，今までの支援が弱まることに不安が生じ，自信喪失で，成長軌道から離れてしまう場合がある。順調に能力を育成し，いきなりスランプに陥ることはスポーツなどでもよく経験することである。この退行を防ぎ，ストップさせるために，**指導（Guidance）**が有効である。また場合によっては叱責という働きかけが重要となる。これは，間違った方向から望ましい方向に向かわせる行動であり，すぐに対応することが重要である。この場合，フォロアーの成長のための働きかけであるという誠意がわかるような形で働きかけるべきである。

⑥　R4：能力も意欲も充実した成長段階 → S4：委任型働きかけ，エンパワーメント

状況対応的リーダーシップの特徴は，フォロアーの状況に合わせてリーダーシップ・スタイルを変え，ある課業においてフォロアーが能力も意欲もある状況に育て上げることにある。リーダーシップの倫理を考えるとき，リーダーがフォロアーを自分の利益のために操作（manipulate）する危険性が生じる。状況対応的リーダーシップは，リーダーの目的が，フォロアーに奉仕するというサーバント・リーダーシップの考え方に基づき，フォロアーの成長を目標に置く。

この価値観には，人的資源管理の発展の初期に見られた人間主義的な発想があり，人の持つ膨大な資源をいかに引き出してゆくかというアプローチにつながる。このためにリーダーは，どのような働きかけをしてゆけばよいのであろうか。状況対応的リーダーシップでは，低指示，低協働の委任型リーダーシップを提唱する。これを通じて能力と意欲に満ち溢れる状況を発現し持続させるのが**エンパワーメント（empowerment）**という手法である。

エンパワーメントは，自律を促し解放するという意味を持つ。膨大で多様な人的資源の活用は内発的な動機づけによってなされるべきである。エンパワーメントの概念は，そこから力を引き出すためには，解放というアプローチが効果的であることを示唆している。

エンパワーメントとは権限委譲と訳されてきた。しかし，単なる権限を委譲するだけではエンパワーされないことが明確になってきている。「エンパワーする」ということは，単に人々に権限を与えたり，職務を委任したりすることではない（渡辺・ギデンス，2010，p.182）。エンパワーメントの視点は，フォロアーが主役であるという点にある。フォロアーのパワーを内発的に発揮させることである。そのためには内発的動機づけをするために，金銭的な外的報酬ではなく，専念できる目的や自己実現を達成できるような環境をつくり出し，内的報酬を促進しなければならない。人は誰も他人にパワーそのものを与えることも，他人からパワーを奪い去ることもできないのである（ノーデン－パワーズ，2000，pp.42-51）。

このことは，状況対応的リーダーシップの起草者であるブランチャードも指摘している。「人間をパワフルにすることなど誰もできず，我々にできることは，力に満ち溢れているように感じる状況，を創出することである。そして，責任権限の委譲には，常に限度が伴う。そこが放任とは異なるところであり，良いリーダーシップとは職場のルールを教えて，鍛え，それから身を引く，すなわち解放することである」（ブランチャード他，2008，p.252）と指摘している。例えば，川もただ水が流れるだけでは氾濫するだけであり，そこに護岸を作ることによって，流れる方向を示し，滑らかな水の流れができる。しっかりと方向性や流れを割り当てることで，内から力をみなぎらせ，その力を外に発揮できるのである。図8.6はこのことを表わしたイメージ図である。

内からみなぎる力は，今いる舞台を飛び越え，次のフィールドへ挑戦する力となる。エンパワーやエンカレッジが意味するのは，内からパワー（力）やカレッジ（勇気）を引き出すことにある。

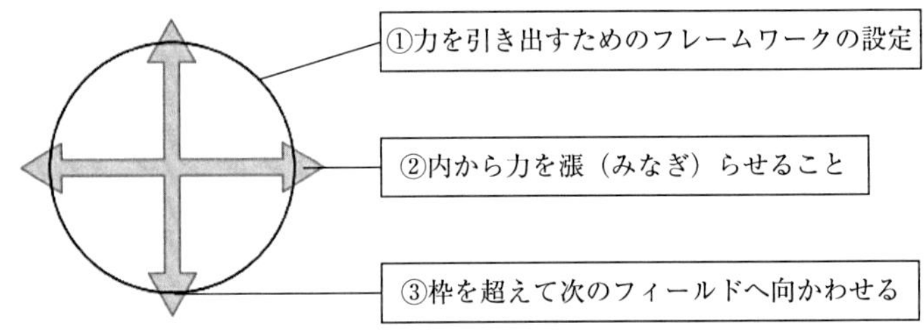

図 8.6　エンパワーメント・エンカレッジメントの概念図
（どのようにして，人を，力がある状態にして，勇気づけることができるのか？）

3. メンタリング

3. 1　リーダーの育成全般に有効

図 8.4 に見るように，状況対応的リーダーシップのリーダー行動全体に関わる働きかけとして**メンタリング（Mentoring）**が挙げられる。これはリーダーの育成において注目されている。

表 8.3 は，ジョン・コッターが指摘したマネジメントとリーダーシップの違いである。現代の変化が激しい環境下で，ますますリーダーシップがとれる人の育成が経営課題になってきている。マネジメントとリーダーシップは違った機能を持つととらえられるようになり，それに従ってリーダーとマネジャーは共通の部分と相違する役割を持つ。

マネジャーの育成は，ビジネススクールでもできるが，リーダーの育成に

表 8.3　リーダーシップとマネジメントの違い

	マネジメント	リーダーシップ
意味	複雑な状況にうまく対処すること	変化にうまく対処すること
役割	計画と予算の策定	方向性の設定
	組織編制と人員配置	人心の統合
	統制と問題解決	動機づけ

出所：Kotter（1990）。

は，1対1の師弟関係が必要だと指摘した**ザレズニック**の論文（Zaleznik, 1977）は大きな影響を与えた。関連で，師弟関係によりリーダーを育成しようという試みの一つがメンタリングである。コーチングは協同型でいつも万能とは限らない。メンタリングは擬似師弟関係で職場などに応用されており，状況対応的リーダーシップのどのスタイルでも働きかけていくことができる。

コーチングが万能ではないのは，例えば，レディネス（意欲と能力）の低い人には効果的でない場合が多い。自分の中に答えを準備していない人から，答えを引き出すことはできないからである。フォロアーの状況に沿ってリーダーシップを変えて行けるリーダー側の働きかけが必要である。

メンタリングは，仕事に対しての外からの支援と，内から引き出す支援など種々のリーダーシップ・スタイルを提供できるものである。メンタリングという関わりの中で，状況にしたがって指示的なリーダーシップ効果と協働的なリーダーシップ効果を一人のメンターが併せ持つことができる。

3. 2　メンタリングの意味

メンターとは，ギリシャ神話にある名教師の名前メントルが語源で，「経験のある生産的なマネジャーであり，プロテジェが仕事を成し遂げるために必要な支援，ガイド，カウンセリングなどを行う存在」とされる。**プロテジェ**とは，メンタリングを受ける側を言い，メンティとも呼ばれる。拠って立つべき原点を示す「指導者，師」という意義づけを持つ場合もある。

メンタリングで提供する**ソーシャル・サポート**とは，情緒的サポート（傾聴や共感など），道具的サポート（もの，お金など），情報的サポート（アドバイス，提案など），評価的サポート（肯定，社会的評価）がある。ストレスを感じている人の幸福感（coping）にソーシャル・サポートが大きく影響を与えるという緩衝仮説（モデル）と，ストレスに関係なく，ソーシャル・サポートが人の幸福感に有用であるとする主要効果モデルがある。メンタリングは，ソーシャル・サポートの一部と考えられる。成長のためには，**擁護**が必要である。

しかし，メンタリングは擁護だけでは不十分である。協働的な働きが必要な時だけではなく，フォロワーがティーチングやモデリングなどの教示型リーダーシップを必要としているときもある。メンタリングが疑似師弟関係の形成を目指すのは，フォロワーが必要としている状況で適切な働きをすることが重要だからである。多様なリーダーシップ・スタイルが必要となる。

3. 3　メンタリングの職場での応用

メンタリングの特徴は，図 8.7 の「斜めのリーダーシップ」という言葉によく現れている。職場の上司であれば職場が変われば直接的関係が終わるが，職場を越えて長期的に関わる関係を作るため，より大きな部署の直接指示関係のない発達支援関係を形成する。

表 8.4 にあるように，モデリングからスポンサーシップなどの支援，コーチングや擁護，カウンセリングややりがいのある仕事の割り当てまで，状況対応的リーダーシップでの多様な働きかけを行うことが期待される。

通常，職場でのメンターは，普通の人によってなされるが，年長で自信・能力を持っている人が任命される。そして，相手のために行動でき，報酬を伴わない自発的行動が期待される。

メンターは，師の働きを模擬的に果たし，自分を原点に立ち返らせてくれる

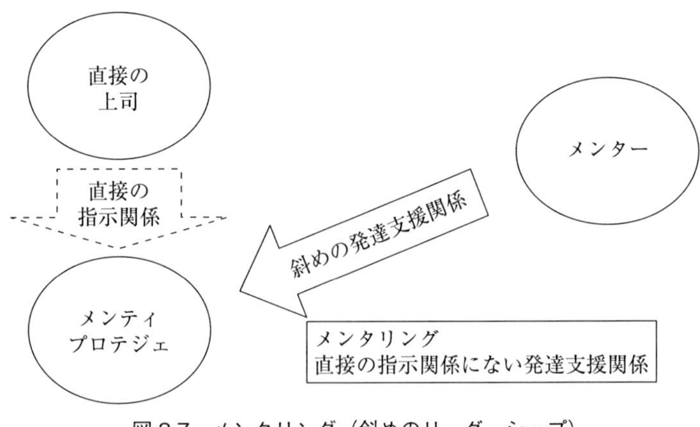

図 8.7　メンタリング（斜めのリーダーシップ）

表8.4　メンタリングの発達支援関係

キャリア的機能	心理・社会的機能
スポンサーシップ	役割モデリング
推薦と可視性	受容と確認
コーチング（ビジネス・コーチング）	パーソナル・コーチング
擁護	カウンセリング
やりがいのある仕事の割り当て	交友

出所：キャシー・クラム（2003）に一部加筆。

人，尊敬し，常に自分の進むべき方向を示してくれる人であることが望まれる。この関係は，マッチングが難しく，組織では，（現在の）メンタリングは常にモニターされ，関係を調整される必要がある。

メンタリングは，職場だけではなく，社会運動や，CSR，社会的な人的資源開発に活用されている。非行少年，学習障害，片親家庭への支援としての社会運動，学校の教師，看護師，警官，医者の訓練などの人的資源開発の分野，ストレスマネジメントや差別撤廃の運動などに活用されている。今後日本でも，「塾」形式の人材育成など，師弟関係に基づいたメンタリング理論と実践の構築が望まれる。

4.　リーダーシップの新潮流

状況対応的リーダーシップは誰でもリーダーになり，どこでも適用できるモデルである。しかし，現代の変化の激しい時代には，特定の影響力のあるリーダーシップが求められて来る。

ビジョンを浸透させる**カリスマ的リーダーシップ**（Charismatic Leadership），ある方向に変革する**変容のリーダーシップ**（Transformational Leadership），しかしそれらは間違ったビジョンを持つ可能性があるので，倫理的で謙虚に真実を見定める真実のリーダーシップ（Authentic Leadership）などが注目されている（Robbins, 2018, pp.222-230）。

参考文献

Kotter, J, P. (1990) *A Force for Change*, The Free Press

Robins S., Judge T. (2018) *Essentials of Organizational Behavior*, fourteenth edition, Pearson.

Tannenbaum, R., Weschler, I. R. & Massarik, F. (1961) *Leadership and Organization*, McGraw-Hill.

Zaleznik, A. (1977) 'Managers and Leaders: Are they Different?', *Harvard Business Review*.

榎本英剛・増田弥生（2001）「入門コーチングとは何か」DIAMONDハーバード・ビジネス・レビュー，2001年3月号，ダイヤモンド社。

キャシー・クラム（2003）『メンタリング』白桃書房。

クリスト・ノーデン－パワーズ（2000）『エンパワーメントの鍵』実務教育出版。

谷内篤博（2004）「リーダーシップとモチベーション」『人的資源管理』経営学検定試験公式テキスト5，中央経済社。

ブランチャード K., ハーシー P.（2008）『行動科学の展開』山本成二・山本あずさ訳，生産性出版。

マズロー（2001）『完全なる経営』金井壽宏監訳，大川修二訳，日本経済新聞社。

渡辺聡子・ギデンズ（2010）『グローバル時代の人的資源論』東京大学出版会。

第9章
労働環境・職場の安全と健康

到達目標

○職場の安全と健康は，人的資源管理の重要な要素であると理解すること。
○新しい労働環境は，拘束から解放の方向性にあることを理解すること。
○労働安全衛生システムと自主対応型アプローチの重要性と枠組みを理解すること。
○ストレスマネジメントとマインドフルネスを理解すること。
○メンタルヘルスのために組織ができることを考えられること。

【オープニング・エッセイ】

マインドフルネス：心の中に何を持つか

人間関係は複雑になり，ますます難しくなっている。価値観の多様化により，人によってとらえ方が大きく変わるからである。良かれと思ってやったことが，相手に不快を与えたり，マイナスの結果につながることも多く，それで落ち込む人も増えている傾向にある。

企業の経営を例にとっても，利潤追求が疑うことのない目的であったが，今はさまざまなステークホルダー（利害関係者）のことを考えないと，持続可能な経営ができないと強調されている。ビジネスにおいても環境や地域社会，NGOなど，他者への影響を考えないと大きなしっぺ返しを受けることになる。でも，他者を考えすぎると，リーダーは燃え尽きることが宿命づけられ大きな課題となっている。燃え尽きないためには，鈍感になるか，直視するかのどちらかである。しかし，鈍感になると他者への共感は広がらず，自分は守れても他者は守れないというジレンマに陥る。

2012 年の国際会議に参加した時，リーダーの心のあり方が，マインドフルネス（Mindfulness）という言葉で熱く議論されていた。世界のリーダーが集まるマインドフルネス実践施設が隆盛しているということであった。そして，ようやく日本国内でも，この言葉が広く使われるようになった。

マインドフルネスとは，「念」とも訳され，文字通り「今の心」を大事にするということである。人は，過去と未来に縛られてしまい「今」が見えなくなってしまう。今に注意を払うことで，さまざまな呪縛から解放され，価値的な考え方ができ，その実践法が提唱されているのだ。もともとアメリカのジョン・カバットジンが仏教の瞑想の考え方を取り入れ，1979 年からマサチューセッツ大学医学部でマインドフルネス・ストレス低減法（MBSR）として展開し，痛みやうつの軽減，記憶力集中力のアップ，感情や気分の安定などに大きな効果があるとされてきた。フェイスブックやグーグルなど先進企業が社員研修に取り入れたことで，世界的に注目されることになった。

呼吸を意識することが，マインドフルネスの要である。普段は，呼吸は意識することはない。しかし，呼吸しなければ，生きていけない。呼吸に意識を傾注することで，呼吸の存在に気づく。意識していないが，呼吸は厳然として存在する。このように今を意識することにより，今まで見えなかったさまざまなことに気づくことを体験する。呼吸をコントロールしなくとも，新しい空気を吸い，息をはく。

自分がすべてコントロールできるという思いが強くなったり，または多忙になって他者のことを考えなくなるとオープンでなくなり，新しい発見はできない。教育にも，気づきを深め，想像力を高める授業が求められている。

1. 労働環境・職場の安全と健康の方向性

「健康は社会，経済，そして個人の進歩のための重要な資源」（WHO オタワ会議，1986 年）と定義され，心身共に健康を保つことは，人的資源の健全な活用のために重要な条件である。

従業員は，一家庭人であり，地域社会のメンバーであり，善き市民である。その側面を重視することで，人は安心して企業の一員として職場の生産性向上に努力できる。

そのような視点から，新しい職場環境の改善は，単に職場の仕事に専念させる方向に向かわせるのではなく，上司への依存から自律を促し，職場だけの束縛から解放し，ストレスの緩和やストレス・マネジメントを促進するような方向性を考えるべきである。

先進的な職場慣行は，労働生産性を高める有力な方策となる。ILO では，生産性向上につながる労働環境と組織要因を次のように要約している[1)]。

- ディーセントな生活水準と経済的安定
- 従業員を大事にするリーダーシップ
- 安全で健康的な職場環境
- 労使の相互信頼
- 意思決定への参加
- イニシアティブと創造性の励行
- すべてのレベルでの支援的監督
- 技能を活用し開発する機会
- ワーク・ライフ・バランス

EU の事例研究[2)]でも，同様に生産性を上げる要素を強調している。

1）ILO（2007 a）*The promotion of sustainable enterprises*, Report VI, International Labour Conference , 96th session, 2007.

- 仕事と家族の生活を両立できるような良い労働条件を持つ高い労働の質
- 労働者に仕事の自律性と責任を与えるような職務組織の形態
- 肉体的にきつい仕事を軽減するような作業方式や職場設備の改善
- 業務上の災害を防ぐ創造的解決
- 病欠を減らすこと

これらの先進的職場慣行に関する考察を見てゆくと，人的資源管理における一定の共通認識が見えてくる。それは，労働者の可能性に対する尊重についての認識と，労働者を従属的立場からより独立し自律した立場へ解放するという点にある。労働者を対等の存在とみなし，経営とのパートナーシップを展開することで，相乗効果をもたらし相互に利益を生む結果となる。図 9.1 は，どのようにしてこれらの要素が，労働者のモチベーションとコミットメントを向上させ，生産性向上へとつながるのかを説明するものである。

実際，職場環境において，労働時間，就業場所などの労働条件や，その他の管理制度から**解放**する方向性がみられる。従業員を解放する職場環境づくりと

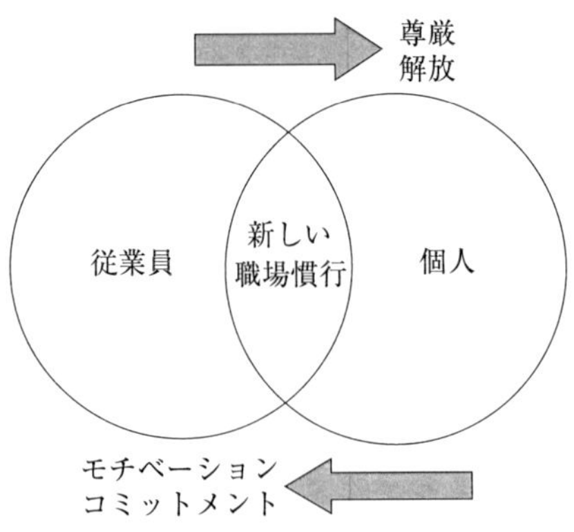

図 9.1　職場環境の新しい方向性

2） European Agency for Safety and Health at Work (2004) "Quality of the working environment and productivity", Working Paper.

して，ワーク・ライフ・バランス，フレキシブル労働時間を取り上げて考えたい。

人間主義的視点 ⇒ 拘束より解放により生産性が向上

1．1　ワーク・ライフ・バランスの推進

日本で働き方改革が提唱されて久しいが，労働時間の長さと過労の問題は深刻である。日本の労働者の長時間労働の理由として，完全週休2日制の遅れ，年次有給休暇の未消化，所定外労働時間が長いことが挙げられ，残業の常態化，サービス残業も指摘されている。

パート労働者でさえ国際的には長時間労働で，擬似パートという言葉でも指摘されている。このような状況下で，労働偏重から，プライベートな生活の充実を求めるワーク・ライフ・バランスが繰り返し強調されている。

個別企業の労働条件は内部の人的資源に大きな影響を与えるばかりでなく，コミュニティーの生活条件に大きな影響を与え，相互関係が生じつつある。個別企業の労働条件は，従業員の家族に大きな影響を与え，地域に存在するビジネスの関係者や地域全体の居住者，そしてもっと大きな範囲における生活環境へ大きく影響を与えることが意識されるようになった。それと同時に，労働条件の中核は賃金のみではなく，職業上の健康と安全，チャイルドケア，家族への配慮，ストレス・マネジメントやセクシャルハラスメントに対する対応，臨時貸付まで大きくその対象範囲を広げているのである。

図9.2は，人をめぐっての企業と地域コミュニティーの関係を表している。企業はビジネスを通じて，地域に居住する人たちに労働の場と労働条件を提供する。そして，地域コミュニティーは，労働者に生活条件を提供する。このように企業と地域コミュニティーは人を仲介とした相互関係にある。また，人は生活条件と労働条件を共有しており，人を通じて相互に影響しあっている。先述したように，今までは生活条件が労働条件を決めるという方向に傾斜してきたのである。それが新しいアプローチでは労働条件を変えることによって，生

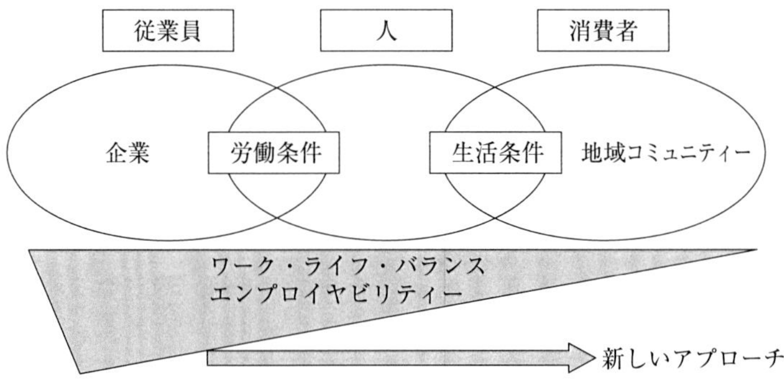

図 9.2　企業と地域コミュニティーの人をめぐる相互関係

活条件を変えてゆくというアプローチをとりつつあることを図示したものである。

ワーク・ライフ・バランスの強調は一つの典型事例である。この施策は，従業員の個人生活を重視したものであり，労働条件を変えることによって，生活条件の充実を図ろうとするものである。特に女性労働者は，これにより労働生活に入りやすくなり，そのことにより所得を創出して，地域内の消費活動の活発化につながり，企業と地域コミュニティーの共生関係を高めることになる。

1．2　フレキシブル労働時間の導入

フレキシブルな労働時間編成に関しては，多くの研究や調査が存在する。本稿では，地域コミュニティーとの関連で，企業にとってフレキシブル労働時間編成がどのような意味を持つか事例研究から考察したい。

Flanagan の事例研究[3)]では，フレキシブル労働時間編成がすべての企業の生産性を上げるわけではないが，かなりの企業において生産性の向上に貢献することが可能であることを示している。成功のための条件を満たすことが重要であると結論づけている。

3） Flanagan Robert J.（2006）*Globalization and labour conditions: working conditions and worker rights in a global economy,* Oxford, New York, Oxford University Press.

ワーク・ライフ・バランスを高めるためのフレキシブル労働時間や長時間労働の削減が最も大きなプラス効果を持つのが従業員の態度とモラールである。これらの取り組みは明らかに欠勤率（absenteeism）と離職率を下げる効果がある。この観点から明らかなように，残業や，夜勤・休日出勤，シフトワークなどの通常でないフレキシブルな労働時間編成はマイナスの効果をもたらす。つまり，フレキシブル労働時間の成功の条件は，労働者の意志や選択が尊重されているかどうかであると指摘している。

OECDの事例研究[4)]では，企業はフレキシブルな労働時間編成を導入するか否かについては，導入にあたってのプラスの側面とマイナスの側面を考慮し，プラスの側面が大きく上回るかどうかが鍵であると論じている。プラスおよびマイナスの側面としてそれぞれ以下のように指摘している。

プラスの側面

- 従業員の離職率を低下させることができる。それによって，熟練労働者の引止めの利益，採用に関する時間とコストの節約，代替要員の研修と訓練の節約などができる。離職のコストは労働コストのかなりの部分を占める。
- 仕事と生活の両立から生じるストレスを軽減することができる。このようなストレスは単に時間的制約からのみ生じるのではなく，仕事の強化に伴う余分な感情的な負担から生じる。
- より良い採用が可能となること。広い従業員候補が導入企業に魅力を感じることから，より技能が高くコストもかからないように採用活動ができる。
- 従業員層において，興味，経験で多様化が進む。
- 従業員の配置において，柔軟性が確保できること。
- 従業員像が，より顧客に近くなり，ニーズを把握しやすくなる。
- 企業のイメージアップにつながり，販売が促進されること。
- 「倫理的投資」の広がりによる自社への投資の増大。

4）Evans, J. M.（2001）*The firm's contribution to the reconciliation between work and family life*, Labour market and social policy occasional papers No.48, Paris, OECD.

コストを伴うマイナスの側面

- 直接的なコストの増加。企業で働く人の数が増加するための職場のスペースの増加，デイケアセンター，再雇用にあたっての再訓練コースの設置，家庭で仕事をする際の追加的設備のようなコスト増大。
- 管理コストの増加。例えば，従業員が労働時間を短縮した際，それを持続的にカバーするためのアレンジ，一時的不在から生じる中断への対処，恩恵を受けない人たちのやる気を失わせることなどが挙げられる。
- 事務コストの増加。施策の形成と実施コスト。制度の利益を従業員に知らせるコスト。だれが受益の権利を得るかを決定するコスト。年金の権利，有給休暇，残業代，健康と安全に関する事項を取り扱うコスト。

【フォーカス】

マインドフルネスの実践

リチャード・ボヤツィス（『実践 EQ 人と組織を活かす法則』日本経済新聞社，2006 年）によると，マインドフルネスとは，「自分の内部の全て」（知性，体，感情，精神）を完全に意識しており，「自分の外部」で起こること（人，自然環境，事象）に最大限の注意を向ける能力のことである。それは，多くの場合，一日のうちに静かな時間をつくり，自分の内外で何が起きているかをしっかり把握することができる。そして，これにより，自分自身を深く理解することで，自分にとって意味があるだけでなく，他人を鼓舞する行動がとれる。

また，クリストフ・アンドレ（『はじめてのマインドフルネス』紀伊国屋書店，2015 年）によると，マインドフルネスとは，過去と未来にとらわれるのでなく，今を意識することである。そのためには，立ち止まり，まず，呼吸を意識する。常に動いている呼吸を意識したり，一呼吸おいて冷静になることから始まるという。呼吸はある程度コントロールできるが，完全にコントロールできない。すべてをコントロールできないので，できることを探す。このことにより，今を意識することができるという。

1．3　5W1H からの解放

人と組織，あるいは人と職場環境の関係を考える時，先進的な試みをみると，人をいかに拘束から解放に向かわせるかという方向性が読み取れる。働き方改革の意義として「働き方の形から質（内容）改革への動きが問われている。働き方改革は，いわば5W1Hからの解放ともいえる。When（いつ）：週休3日制，フレックス・タイム制などの工業的働き方からの解放，Where（どこで）：テレワークやリモートワークなどのオフィスや工場からの解放，Who（誰が）：プロジェクトチーム制など，誰がするかが固定されていない，What（何を）：市場の変化に対応するため，何をするかが変わっていく，Why（なぜ）：組織発ではなく，個人それぞれで仕事の意味が問われていく，How（どのように）：DX や AI による雑務からの解放により，やり方が自発性や主体性をもとに変わっていく。人的資本形成の観点から副業が促進されてきたのもその表れである。これらは人的資源管理が，人に内在する資源をいかに引き出すかということに視点があることとつながる方向性であり，人間主義的視点といえる。

1．4　テレワークと在宅勤務（WFH）[5)]

2020 年のコロナ禍により，世界の職場の環境は必然的に大きく変わることとなった。3密を避けるため，日本でもテレワークが大幅に導入され，同時に在宅勤務（WFH：Work From Home）が大きく普及した。日本労働研究機構の調査によると，発生した春はテレワークの何らかの導入が調査企業の 50%を超えるまで急増したが，そのあとの夏には導入率が 40%前後に下がり，そのまま安定して推移している。

テレワークの普及による在宅勤務は新しい自律した働き方として注目されているが，時間がたつにつれてリスクが増大していることも指摘されている。種々の調査では，単にテレワークや在宅勤務を導入しただけでは，生産性の上

5）Naoki Kuriyama（2022）A Research Note on Teleworking Challenges for Better Working Modality under the COVID-19 Pandemic from 2020 to 2021 in Japan, *The Review of Business Administration*, Vol.46, No.1.

昇につながっていないことがわかった。また，労働者の肉体的精神的ストレスが増大しゆく傾向も見えてきた。これらのことからテレワークと対面の利点のベストミックスを実現する**ハイブリッド職場環境**が提唱されている。

1．5　人と人が出会う職場環境[6)]

対面の重要性を表す言葉として，**Human Moment（人間らしい瞬間）**の重要性が指摘されている。対面することで，共感や感情的つながり，相手が実際に言いたかったことを理解するための非言語的手がかりが得られる瞬間のことで，それで人はエネルギーを得られる。また，職場として，最重要な知識は明文化や体系化ができず，現場学習が絶対要件となる。

また，人と人との出会いを作ることが，職場や学びの場で重要である。職場にいかに「たまり場」を作るかということも重要で，皆が出会う階段の位置，気軽に立ち寄れるラウンジなどを作る重要性はそこにある。人は予期した会議などの出会いだけではなく，予期しない出会いから生じる幅広いコミュニケーションから新しい価値を創造することができる。予期せず人が職場で出会うことで**偶発的コラボレーション**が生まれ，そこからイノベーションにつながるという。これは，リモートワークの良い点を伸ばしながら，短くても良いので，対面の場を作ってゆくハイブリッド職場環境の重要性を示唆している。

2.　職場の安全と健康を守る労働安全衛生マネジメントシステム

2．1　自主対応型アプローチ

職場における安全と衛生[7)]は，労働者が当然に確保されるよう要求する権利があり，使用者は安全衛生の基準を守る義務がある。これを軽視するが故に，

6）ファヤール AL, ウィークス J. カーン M. (2021)「これからのオフィス価値をデザインする」『ダイヤモンド・ハーバード・ビジネスレビュー８月号』ダイヤモンド社，pp. 45-50。

表 9.1　法規準拠型と自主対応型のアプローチの対比

	法規準拠型アプローチ "rules-based"	自主対応型アプローチ "enabling"
基本視点	基準のこまかい励行	責任をはたす自主改善
法規の原則	技術的基準の法定と改定および罰則の適用	責任基準による責任所在の明確化と指導指針の整備
改善のすすめ	監督行政による督励	自主責任による合意の実施 労働者の参加と知る権利
特徴	外的規制依存と消極的改善	自主参加・継承と能動的改善

出所：小木（1999）。

労働災害，通勤災害，職業病やその他の職業関連疾患が生じ，個人や組織の損失になるだけでなく重大な社会問題になる。現在，全世界的に，これらは増加の傾向にあり，かつ複雑化している。近年まで労働安全衛生は，労働者の権利や人権の視点から強調され，労働者として最も基本的で守られるべき基準としてとらえられて来た。2022 年には，「安全で健康的な労働環境」が ILO の中核的労働基準に加えられた。

伝統的な安全衛生に関する考え方は，法令や規則によって一定の基準を守らせようとする法規準拠型であった。多くの国がこの労働安全衛生法規を持っており，共通の考え方は，行政の監督を基本とし，法規に違反した者を国が処罰する仕組みを作り，法の実行性を守ろうというものである[8)]。これは，危害要因別に標準的対応プログラムを遵守することを法律で規定しているが，状況の変化が常態である労働現場では対応しきれないか，あるいは受身になり，安全衛生を実質的に向上させるのに効果的でないことが指摘されてきた。

7）英語で safety and health を安全衛生と訳す場合が多い。しかし，health を衛生と訳すと誤解が生じるとの指摘がある。Hygiene とはまったく別の意味だからである。そのため，保健あるいは健康と訳す方が良い場合が多い。しかし，ここでは慣例に従い，安全衛生とする。

8）小畑史子（1995）「労働安全法規の法的性質―労働安全衛生法規の労働関係上の効力―」，法学協会雑誌，112 巻 2 号，pp.82-87.

これに対応する形で出てきた流れが，自主対応型のアプローチである。これは，表 9.1 にあるような対比からわかるように，安全衛生の基準を遵守・向上させるためには，法的準拠だけではなく，自主対応（enabling）型のアプローチに多くの利点が認められ，成果を出しているからである。**Enabling** とは，自主対応と訳しているが，人が自分で自律的に問題に対処し，解決してゆくことを可能にすることを意味する重要な用語である。

また，近年では，①就業構造とリスクの多様化，②経済活動のグローバル化，③自主対応経験の蓄積と優位化が明らかになり，法的準拠型で対応できず，ますます自主対応型の有効性が増しつつある。自主対応とは，「自分たちで自主的にやる以上，法規制を守る以上に積極的に取り組んで行く」という強い意思に基づいた，任意規制なのである[9]。

表 9.1 は従来からの法規準拠型と，新しい自主対応型アプローチを比較したものである。細かい技術的基準を決めずに，自主管理で継続的改善を志向する"enabling"の効果が着目されるようになった。このアプローチを具体化し，国際規格まで作られているのが，労働安全衛生マネジメントシステムである。

2. 2　労働安全衛生マネジメントシステムの考え方

これは，ISO14000 シリーズの環境マネジメントシステムと同じ考え方をとる。いわゆる PDCA サイクルを確立することが骨格である。具体的には，まず組織の最高経営層が環境方針を立て，その実現のために計画し（Plan），それを実施し運用し（Do），その結果を点検し，是正し（Check），もし不都合があればそれを見直し（Act），再度計画をたてるというサイクルを確立することである。

伝統的基準が法令への準拠による安全衛生基準の励行にあるのに対し，新しい傾向は企業責任を明示し，自主対応型アプローチに基本を置いている。基準の原則の観点からは，伝統的なものが，技術基準を法令で定め，状況に従ってそれらを改訂して行く。そして違反をしていれば罰則を適用して行く。それに

9）川上剛・原邦夫・伊藤昭好（小木和孝監修）（2002）『すぐできる安全衛生マネジメントシステム』（安全と健康実践ガイド 1），労働科学研究所出版部。

対しマネジメントシステムの考え方は，責任基準によって責任の所在を明確にすることがカギとなり，継続的に指導指針を整備して行くという方法をとる。

改善のすすめかたにも明確な違いがあり，伝統的なものが，監督行政による督励が主なやり方であるのに対し，新しいマネジメントシステムの考え方は，自主責任による合意の実施とそこに労働者が参加し知る権利を確保して行くことが重要となる。その結果，伝統的な制度は外的な基準に準拠した法規準拠型なものになり，受動的な改善が特徴となる。それに対し，新しい流れは，自主対応を主眼とした参加と継続改善をする enabling な特徴を有するものになる。

この流れの原点となったのが，英国のローベンス報告だと言われている[10)]。ローベンス報告は当時の英国の労働安全衛生上の問題点の一つは，あまりにも多くの法律の規制があるために関係者がアパシー（無気力）に陥っていることを指摘した。これに対処するためにより効率的な自主規制のシステムの必要性を強調している。そのシステムにおいては，すべてのレベルにおいて適切に責任が遂行されること，そしてより優れた安全組織が組織されること，さらに経営陣がよりイニシアティブを持つこと，それから職場の従業員自身を巻き込み参加させることが重要であると指摘している。

人間主義的視点 ⇒ 自主対応アプローチでより安全で健康に

2．3　労働安全衛生マネジメントシステムのポイントと日本の弱み

①　自主的対応アプローチ

自主的対応型アプローチをとるにあたって，労働者の積極的な参加が重要となってくるが，日本の職場では課題が多いとされる。日本の職場での品質管理における労働者参加はQCサークルなど非常に高く評価されているが，労働安全衛生の分野では浸透していない。日本の労働安全衛生法は，労働安全衛生管

10)　小木和孝・藤野昭宏・加地浩訳（1997）『労働における安全と保健―英国の産業安全保健制度改革―委員会報告 1970-72 年　委員長ローベンス卿』労働科学研究所出版部。

理体制に関する規定を持ち，労働安全衛生管理を担うものを事業者が選任することを義務づけている。これが，職場の安全衛生についてはベテラン管理者個人の能力に依存する傾向をもたらしたのである[11]。これが，日本の職場の安全衛生の分野に，労働者の積極的な参加が進まない原因になっている。

例えば，ドイツでは，職場の労働安全衛生についての権限を労働者が持ち，職場危険に関する情報や専門家の選任権も労働者が持っている[12]。そのため，積極的に関与していかなければならない体制になっている。

②　リスク評価

リスクのとらえ方が，日本は弱いとよく指摘される。欧米では，災害は必ず起きると考える。日本では災害は努力すれば起こらないと考えがちである。これにより，リスク評価ができず，災害の事後的対応に追われることになるのである。起こりうる災害をどのように最小の被害にするかという発想が弱いのである。

リスク評価するためには，専門家の評価に任せるだけではできない。職場全体の意見を広く把握して，現場の人々が優先して取り上げるべきだとするリスクを，幅広く評価していくことである。現場の管理者の意見を取り入れ，自覚症状の有無，環境測定，健康診断などを情報源とすべきである。これを職場全員の参加を前提に行ってゆくことが重要である。そのためにあくまでもコンサルタントなどの専門家を利用して行くことが大事で，決して任せてしまってはいけない。

他方，現場で危害要因（ハザード）を洗い出して，リスクの当事者を決定する。ハザードとは，リスクにつながる要因で，自治体が作成するハザードマップを思い浮かべればわかりやすい。労働者の参加を経て，作業を区分し，記録し，

11)　小畑史子（2001）「労働安全衛生規制とISO14000・OHSAS18000シリーズ―ISOのOHSMS規格開発の動きが労働安全衛生に与えた影響―」，『富大経済論集』，富山大学経済学部，第46巻第3号。

12)　三柴丈典（2000）「労働科学と法の関連性―日本とドイツの労働安全衛生法」，『安全センター情報』。

見直すことが必要である。そして，経営者がリスク評価をして対応措置を実施する仕組みが労働安全衛生マネジメントシステムである。

図 9.3 は，メンタルヘルスを例にした，ハザードとリスクである。ハザードとしては，長時間労働や残業による過労状態，職場（組織）の人間関係に起因するストレスなどが認識できる。リスクは，職場の作業の実際を加味した，より現実的な結果となるもので，事故，欠席，うつ病などが挙げられる。

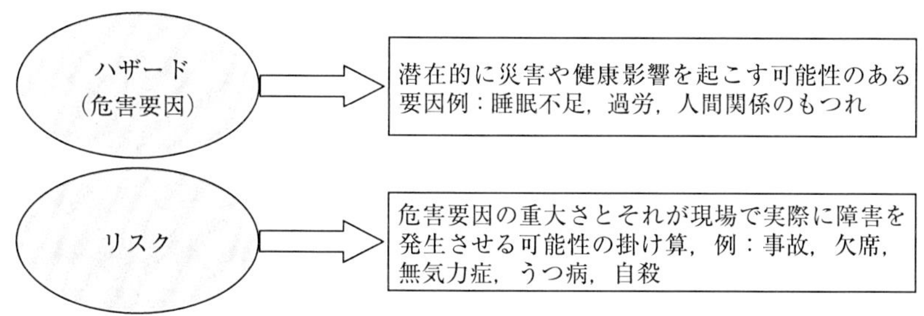

図 9.3　リスクとハザードの違い
出所：川上他（2002，p.103）。

③　情報の共有と開示

リスク評価してもそれが一部にとどまっていては意味がない。現場の主体的な協力を得るためには，積極的な情報開示が必要である。例えば，化学物質と発ガン性の問題は，情報開示を避ける傾向があるが，隠していれば長期的には大きな問題になるだろう。また，外に対してリスクの開示をすることも勇気がいるが，今はむしろそれを積極的に行って，労働安全への強い意志を表し，それが高い評価につながっている傾向がある。

日本の職場で情報共有と開示が進んでいることについては，議論があるところである。一般的には，労使協議制などで労使間の情報共有は進んでいるとされているが，労働安全衛生分野では疑わしい。

2．4　人間主義的視点からみた労働安全衛生

労働安全衛生は，人の命と健康に関わる極めて重要な分野である。安全で健

康的な環境で働くことは，当然の権利であるといえ，人権に属すると考えられる。しかし，労働災害や健康被害は，事象が発生してから問題が発覚し，事後的に対処することが多い。予防的措置が重要であるにもかかわらず，軽視する傾向にある。

予防的措置には，手間とコストがかかるためどうしても後追い型の対策になってしまうのである。しかし，災害が発生してしまえば，予防的措置にかかるコストの何倍ものコスト代償を払わなければならないことは種々の事例を見ても明らかである。

また，安全と健康に影響を及ぼす要因はますます複雑に絡み合ってきている。これらに対処するには，部分的な取り組みではなく，総合的な（holistic）取り組みが必要である。そのためには，組織の構成員一人ひとりに，安全と健康を最優先するという意識を浸透させ，そのような組織文化の形成を促すような継続的措置が求められるであろう。単に法規準拠型で最低限の安全・健康基準を維持するのではなく，より人間らしく，より幸福に過ごせる，創造的な安全で健康的な環境創出のために，自主対応型アプローチを推進することが重要である。

人間主義的視点 ⇒ 職場環境の安全と健康は現場で自主対応

3. 職場環境とメンタルヘルス

3. 1　メンタルヘルスは人の大事な資源

ビジネスにおけるメンタルヘルスは，個人だけの問題ではなく企業，組織の問題としてとらえなおす必要がある。特に日本でメンタル・ヘルスは喫緊の課題であり，法規準拠型では解決を図るのが難しい。何らかの自主的な方策を打ち立てることによって，作業方法や勤務体制を合理化し，さらに職場全体の雰囲気を前向きに切り換えたり，労働者同士のコミュニケーションをよくしたりしてストレスに直面している労働者が理解とサポートを得やすい仕組みをつくるなど，対策を円滑に行うための自主的対応が必要な場合が多い。

臨床心理学と健康な組織のためのメンタル・ヘルスの違いは，表9.2のように考えられる。近年のリーダーシップ技法の一つと考えられているコーチングは，メンタルヘルスに貢献するとして注目されている。

表9.2　臨床心理学とメンタルヘルスの概念的相違

臨床心理学	メンタルヘルス
個人志向	企業（組織）システム志向
疾病治癒志向	予防志向・能力開発志向
過去志向（原因追求）	現在・未来志向（可能性追求）
個の弱い側面改革	個の強い側面の活用・強化
専門家中心	多くのメンター，チャンピオンの構築

出所：山本（2005，p.19）を基礎に変更。

3．2　ストレス・マネジメント

ストレスを有名にしたのは，ハンス・**セリエ**のストレス学説である。ストレスは**ストレスの要因であるストレッサー**と，それに対する**ストレス反応**があり，双方を**ストレス**と呼ぶ。そして，ストレスには**有益なストレス（ユーストレス：eustress）**と**有害なストレス（ディストレス：distress）**があり，適度なストレスは適応力の増加につながり，過度のストレスは有害になると説明した。ストレスを最適化すると，フローという状態になり，人の成長に不可欠なものとなる。脅威から守るための活力を引き出し，創造力を発揮するという。

表9.3　ストレス要因と自己の対処

	原因	対処
変化	環境変化	変化を理解する　変化に対応する　支援してくれる人を見つける　話す　柔軟になる
悲しみ	悲しい出来事	現実を受け入れる　表現する
チャレンジ	過多 ↔ なさ（窓際族）	成長のための課題に挑戦する（優先順位の設定）
人間関係	トラブル　孤独　自分に合わない	自分が客観的に人間関係の中でどの位置を占めているのかを理解する
自分自身	正直でない　想像した惨めな自分という目で見る	自分に優しくなる　正直になる

逆に有害なストレスにさらされすぎると危険であり，特に心臓疾患などの危険要素を多く持つ**タイプA**といわれる特徴を持つ人は過労死に要注意である。

自分で行うストレス・マネジメントの原則は，過度のストレスをどのようにマネジメントするかということであるが，次の3つのプロセスが重要である（表9.3参照）。

① ストレッサー（ストレスを与えているもの）は何かを認識する。

② どのような徴候，症状が出ているかを認識する。

③ ストレスを管理する：原因を見極め，症状を治す。悪いストレスを予防する。

個人でストレス耐性を高めるためには，認知的評価を変え，ストレスフルな状況を認知で変えるアプローチがある。これは，楽観的認知傾向・自己効力感を持つことで，ストレスのとらえ方が変わってくる。セリグマンのポジティブ心理学は，無力感を防ぐことでうつ病を予防できるという。自己効力感を持つことで，ポジティブに行動できる。

この個人の対処を**コーピング（Coping）**と呼ぶ。共感力がますます評価される時代にあって，反面，感情を抑える必要が増しているともいえる。これは**感情労働**と呼ばれ，精神的な不安定さを及ぼしやすい。いわゆる「切れる」ことを防ぐコーピングをしなければならない。例えば怒りの感情をコントロールするために，6秒待つという6秒ルールの生活習慣を身につける anger

表9.4　4種類のソーシャル・サポート

分類	内容
情緒的サポート	「やる気」を起こさせ情緒的に安定させることが目的。声をかける，慰める，励ます，笑顔で対応するなど。
情報的サポート	問題解決に役立つ情報を与える。的確な指示や解決法を与える。専門家を紹介するなど。
道具的サポート	看病する，お金を貸す，仕事を手伝うなど，実際に手助けをするサポート。
評価的サポート	心理的な安定をもたらすために，仕事ぶりや業績などを適切に評価する。日ごろのフィードバックや適切な人事考課など。

management などが例として挙げられる。

3. 3　組織のストレス，メンタルヘルス対策の活動内容

従業員個人レベルのストレス・マネジメントだけでは不十分であり，ストレス・マネジメントは組織の責任でもある。また組織が取り組むことによって，生産性や創造力が増し，組織の発展につながる。そのことから，**ラインの管理者レベル（職場のマネジメント）**と**人事労務部門レベル（組織全体のマネジメント）**で対処してゆく必要に迫られている。

代表的な例は，**ソーシャル・サポート**であり，表9.4のように4種類，つまり情緒的，情報的，道具的，評価的サポートを提供することが考えられる。

また，組織が取り組むべきリーダーシップを下支えする意味でも，ストレス・マネジメントは必要である。図9.4のように，プラスの方向性にあるリーダーシップの領域と，マイナスの方向性にあるストレス・マネジメントとは，連続しているものであり，局面に応じた組織的な取り組みが必要になる。ソー

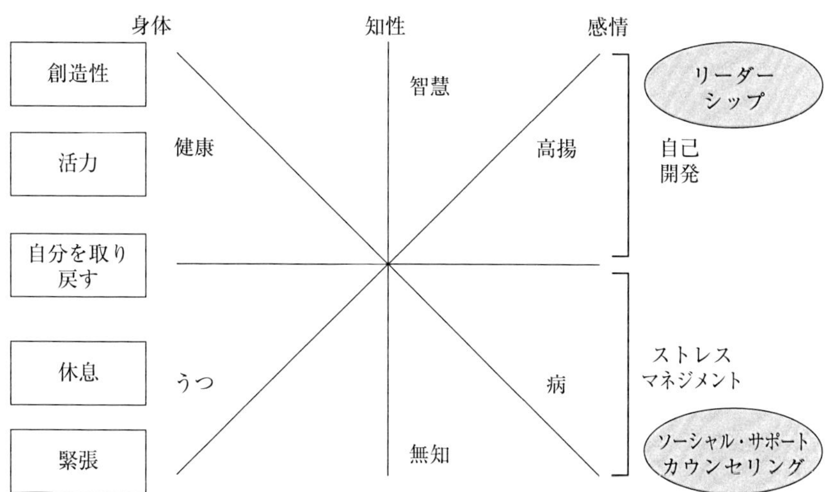

図9.4　人間システムの多角的側面
出所：Jagdish Parikh, *Managing Your Self*, p.47.

シャル・サポートや，カウンセリングによって，ゼロに戻し，自分を取り戻すことを優先しなければならない局面もあることを知らなければならない。

前述したように職場環境の改善の動きを見ると，**拘束から解放**への方向性がみられる。個人が自律的に仕事ができる（enable）ような環境が必要である。その意味で，労働時間や働く場所など，時空を超えて仕事をできるようにする仕組みが広がりつつある。また対人間へのサービスで，コーチングやメンタリングなどのリーダーシップはAIに置き換えられないのではと言われ，これらのサービスも解放された人間によって担われる傾向にあろう。

参考文献

小木和孝（1999）「第7章　労働条件（2）労働安全衛生」『講座ILO（下巻）』日本ILO協会。
川上剛・原邦夫・伊藤昭好（小木和孝監修）（2002）『すぐできる安全衛生マネジメントシステム』（安全と健康実践ガイド1），労働科学研究所出版部。
山本晴義（2005）『ストレス一日決算主義』NHK出版。

【フォーカス】

自己犠牲のないGiverに

グローバル化が進む中で，貧富の格差が増大している。グローバル化はナンバー1が総取りする時代で，ナンバー2以下はすべて敗者になる。ある経営学者がそう指摘した。確かに，世界のビジネスは市場のシェアを勝ちとるためにしのぎを削っているように見える。敗者復活の道は狭く，人々の大きな不満の源泉になっている。その結果，社会のひずみが生まれていることも確かであろう。

その生き方に一石を投じた研究がある。世界の名門ビジネススクールである米国ペンシルベニア大学ウォートン校で史上最年少終身教授になったアダム・グラント。彼が書いた『Give & Take —「与える人」こそ成功する時代』（三笠書房，2014年）である。

彼は人を3つのタイプに分けて，成功したかどうかの分析をした。3種類のタイプは，ギバー（Giver），テイカー（Taker），マッチャー（Matcher）である。ギバーは人に惜しみなく与える人，テイカーは真っ先に自分の利益を優先させる人，マッチャーは損得のバランスを考える人である。

結論を言うと，最も成功するのはギバー（与える人）である。テイカー（受け取る人）は長期的にみるとそれほど成功しない。この結論はなんとなくわかる人が多いだろう。なぜなら，ふつう，自分のために動く人より，他の人のために行動する人のほうが評価されるからである。これはほとんどの文化が持つ価値である。

グラントの事例研究から，なぜギバー（与える人）が成功するかというと，ギバーは人脈が広く，テイカーの持つ絆よりは弱いが，その弱いつながりが新しいネットワークにつながり，新しい価値を生み出すからである。また，テイカーは人に頼らない生き方を選ぶが，ギバーは，頼りあうことを，大きな利益につなげることができるという。また，ギバーは信頼関係の中で，自分の弱みをさらけ出すことを恐れず，かえって弱みを見せることで信望を集めるという（ただし，周りの人が有能だと認めている場合のみ）。

重要な発見は，最も成功するのもギバーだが，最も失敗するのもギバーだという点である。失敗するギバーは，自己犠牲のギバーだと指摘する。自己犠牲のギバーは，自分自身を傷つけるが，成功するギバーは，受け取るより多くを与えるが，自分の利益も見失わないという。ストレスをプラスに転換することができる。

グラントは，いい人だけでは絶対に成功できないとして，ギバーの3つの罠を挙げている。すなわち，①信用しすぎること，②相手に共感しすぎること，③臆病になりすぎること，である。自己犠牲ではなく，自分も他者も勝つWin-Win関係の構築が重要である。

第10章

人間主義経営と人的資源管理

到達目標

○人間主義経営の必要性を理解すること。

○人間主義経営の３ステップ・アプローチを理解すること。

○人間主義経営と人的資源管理の関連を理解すること。

○人間主義経営を人的資源管理に応用する手がかりを理解すること。

【オープニング・エッセイ】

インクルーシブ・ビジネスと人間主義経営

国連などがこれからのビジネスに求めているのは，インクルーシブ（inclusive）というあり方である。これは，包摂的と訳されていて，「誰一人取り残さない」とするSDGsの誓いにつながる概念である。この対語はエクスクルーシブ（exclusive）で，誰かを特別扱いするというあり方を意味し対峙している。

従来のビジネスは，特定の人たちにターゲットをあてて利益を追求してきた。その結果，世界は貧富の格差の増大，環境破壊，社会の不安定にあえいでいる。今，世界に広がるビジネスにおいて，格差をなくして，あらゆる人を包み込んでゆくインクルーシブなあり方が必要ではないかと問われている。

人間主義経営センター所長のキマコウィッツ博士は，人間主義経営の推進力は２組の対の力と１つの制限のない力から成ると主張している。まず，第一は，「目的」と「社会的妥当性」である。企業の本当の目的とは何かを常に問い続けてゆくことにより，企業の目的が，「社会のため」「人間のため」という原点に行きあたる。しかし，それは自分だけの正義かも知れないので，ステークホルダーとの対話を通じて，それが社会に妥当性を持つかを常に追求する謙虚さをもつことが重要であるとする。

第二の対の推進力は，「情熱」と「言行一致」である。物事を成し遂げるためのガッツと，言うだけでなく行動が伴うことの２つを指す。その場限りの情熱だけでなく，長い年月にわたって約束を守る真摯さが重要であると指摘している。

そして，最後の推進力は，エゴを乗り越えた「慈愛」で，これを制限する対の力はないと強調されている。ある一定の人だけ（金持ちや恋人）を対象にするエクスクルーシブなあり方ではなく，すべての人を包み込むインクルーシブなあり方。国際社会が望む，インクルーシブ・ビジネスは，人間主義経営によって実現される。

1. 人間主義経営の3ステップ・アプローチ

人間主義経営ネットワーク（Humanistic Management Network）は，人間主義経営の研究と啓蒙を目指した研究者の世界的ネットワークとして2007年に活動を開始した。2011年スイス・ジュネーブに人間主義経営センター（Humanistic Management Center）[1)]を起ち上げ，同年，Palgrave Macmillan社からHumanism in Business Seriesの第一弾として，Humanistic Management in Practiceが発刊され，人間主義経営の3つの指導原理（guiding principles）[2)]を明らかにしている。

人間主義経営の3ステップ・アプローチとは，以下の通りである。

1. 人間の尊厳性の無条件の尊重

2. 倫理的配慮の経営管理上の意思決定への取り込み

3. 経営の倫理的振り返りのためのステークホルダーとの対話の拡大

これらの人間主義経営の各段階に則りながら，人的資源管理への応用に向けて考察したい。

2. 人間主義経営第1ステップ：人間の尊厳性の無条件の尊重

2. 1 「人間の尊厳性」

この第1ステップは，「人間の尊厳性」，「無条件」，「尊重」という3つのキーワードから構成される原則であり，それぞれの意味を理解することが重要である。この理解には，カント哲学の理解が不可欠である。

1）http://www.humanisticmanagement.org/cgi-bin/adframe/index.html
2）後に人間主義経営の3つの「ステップ」として位置づけている。

エマニュエル・カントの哲学で「人間の尊厳性」に関連する最も重要な原則は，「人間は目的（end）であって，手段（means）であってはならない」ということである。手段になるものは等価物と交換できるものであり，目的そのものはそれ自体で価値を持つものであり，等価物が存在せず，価格がつかない。まさに，人の命こそが，価格がつかない尊厳性を持つものなのである（カント，1785）。

カントによれば，人間になぜ尊厳性があるのかの問いに，人間は，理性的な存在（理性は道徳的行為を命じる）であるからと答える。道徳とは，目的自体のために目的を選ぶことであり，先述したように人の尊厳は，人を目的そのものとして考える。つまり，人間を究極目的とする「人間の尊厳性」を尊重することが道徳である[3)]。

人間主義的視点 ⇒ 人間は手段ではなく，目的である

2．2　手段にならないために―自律しているか，自由かどうか

それでは，ある行動が，人間の尊厳性を尊重しているかどうかは，どのように判断できるだろうか。手がかりとなるのはその行動が自律的であるかどうかという点である。

カントによれば，人間は自律した存在であり，自由を有する。自由とは欲望に支配されるものではなく，自分自身で与える法則（つまり理性）に従って行動することをいう。自律の対立概念の他律は，外から与えられた目的の手段になることを言う。

サンデル教授によると，スプライトが欲しいと思ってそれを買う行為はカントの言う自律ではないと考える[4)]。なぜなら，のどの渇きを潤すためという目的のために，スプライトを手段として買っているからである。同じように，良

3）マイケル・サンデル（2010）『これからの正義の話をしよう―今を生き延びるための哲学』，鬼澤忍訳，早川書房，p.145。

4）マイケル・サンデル，前掲書，p.142。

い就職をするために懸命に勉強すること，信頼を得るために嘘をつかないこと，人を守るために嘘をつくこと，自分の喜びのため他者のために尽くすこと等はある目的のための手段としているので，自律的ではないという。しかし，やる気がないとしても，義務感で人のために尽くすことは，理性に従って行動していると考えられるので，自律的であるという。

カントがここで言っているのは，道徳的かどうかを決めるのは，行動の結果ではなく，動機が重要であるという点である[5)]。行動に道徳的価値を与えるものは動機すなわち意思の質であり，義務の動機であっても理性が命じるものであれば，それは道徳的判断である。カントのいう「実践的理性」とは，人の尊厳性は，普遍的な理念であり，具体的な行動や態度の起因となるものであるという。

2．3　労働者性と労働者の自己決定

ただ，実際の経営活動において，何かの目的のために人を手段として使ってはならないということになれば，かなり理解しにくい論理になる。例えば，日常の経営において，労働者は経営者に使われる存在であり，そこではこの第1ステップの自律させるべき人間の尊厳性の尊重を人事管理のすべての分野にわたって完璧に実現をすることは不可能に思える。これは，第2ステップの倫理的意思決定のテーマでも論じるが，カント哲学をすべての現実の経営活動に適用するには厳しすぎると指摘される所以でもある。

雇用関係とは，使用者と労働者が雇用契約によって成り立つものである。使用者の指揮監督のもと使用従属性が生まれ，その対償として報酬が支払われることが，**労働者性**の判断基準となる[6)]。これを前提にして，使用従属関係にある労働者を保護（protect）するために労働基準法が制定されている。労働者を手段として使わないという使用従属関係の中で，人間主義経営の原則をどのように実践すべきであろうか。

雇用の使用従属性の議論に立ち返ると，労働者は経営の何らかの役割を担う

5）　マイケル・サンデル，前掲書，p.147。
6）　労働基準法研究会報告（1985）「労働基準法の「労働者」の判断基準について」。

ものであり，その場合，その役割を自律的に自ら選ぶことはできるはずである。主体的な関わりを持つことで，単なる手段になることから逃れられる。人は主体性を持つと考えると，人は雇われる存在のみではなく，雇われることを選ぶことのできる主体性を持つことができる。具体的には，労働者が働くことを自己決定しているかどうか，手段にならないためのポイントとなろう。使用者は，労働者を手段にしない一つの基準として，相手が自己決定しているかどうかを問いかけることが，手段化していないかどうかを判断する重要な決め手になる。

これを確保するために，近代的な労使関係は，使用者からの一方的依存を脱却することが大原則となっている。そして対等に交渉し，労働者が経営に効果的に参加することを推奨する。労働者が労働組合を作ることの自由である「結社の自由」を確保し，弱い立場にある労働者の「団結と団体交渉権」を基本的権利とし，また「強制労働」や「差別的扱い」を禁じる労働法制が，最も基本的な労働者の権利として確立されてきたのである[7)]。

2. 4　カントの消極的自由と積極的自由

カントは，人間に尊厳性があるのは，人間に自律の能力と自己統制の能力があるからであると考える。そして，このことは，人間が持つ潜在能力を発揮する主体的存在であり，それは自分ばかりでなく，他者の潜在能力を認めていくことの道徳的義務を指摘している[8)]。この点を前提にすれば，他者を手段化しないために，他者が外的に依存していないということを確保する最低限の自由のみでは不十分であり，潜在能力を発揮する人格の尊重をする積極的自由が要求され，それにより手段化されることを越えて，人間を目的自体として扱われなければならないと指摘している[9)]。

この積極的自由を尊重するということは，人間を目的そのものとして扱い，

7）1998年，ILO「労働における基本的原則および権利に関するILO宣言」。
8）ノーマン・ボウイ（中谷常二・勝西良典監訳）(2009)『利益につながるビジネス倫理—カントと経営学の架け橋』晃洋書房，pp.55-61.

その人間性に対して積極的行動をとることが求められる[10)]。ボウイは，このためには職場で，従業員が自律して自らの働き甲斐を見いだせるような「意義のある仕事」を提供しなければならないと指摘している[11)]。ボウイはまた，このような意義のある仕事の要件として，「自由に選ばれた仕事」，「独立かつ自律」，「十分な給料」，「理性的に能力開発できる」，「道徳的涵養を妨げない」，「保障の代わりに幸福感を押し付けるパターナリズム（父権主義・温情主義）によらない」ことを挙げている。

近年のCSR（企業の社会的責任）の議論に明らかなように，企業は法やルールを遵守するというコンプライアンスだけではなく，自主的に社会的責任を担う活動に焦点をあてている。人間を手段としないために，また究極目的である人間の幸福のために自主的な創意工夫をしてゆくことが，人間の尊重をより積極的に促進することにつながるという議論がある。

労働者にとっては，自分が持っている可能性（例えばやる気や能力）を内発的（intrinsic）に発揮しているかどうかが，意義のある仕事かどうかの大きな要因になりつつある。また，使用者は，相手が内発的に仕事と関わっているかどうか問いかけることが，重要になりつつある。

実際，先進的な労働環境は，種々の働き方（労働時間や場所，休暇など）を自己決定できる方向にあり，そのことにより，組織への自発的な関わりを強める効果があることが明らかになっている。また，内発的動機づけの一つの一大要件が，自己決定であると指摘されており，人の創造性発揮やイノベーションにつながることが重要視されている。今後の高い付加価値の創造が求められるビジネス上の戦略においても，自発性をもたらす自己決定を人間の尊厳性を尊重する一つの指標と考えることは適切であると考える。

このように人間の尊厳性の尊重は，実際の経営活動においてア・プリオリに決められるものではない。ただ，経営の意思の前提としては，人間の幸福を目

9）前掲書，p.61。
10）前掲書，p.81。
11）前掲書，p.81。

的とし，人間を手段化しないことが終始一貫して貫徹されなければならない。

2. 5 「無条件」とは

ただ大前提である人権に関してだけは，無条件の中の無条件で適用されねばならない。無条件とは，条件を選ばないという非常に強い意味を持つ。無条件を判断するために，カントは**定言命法**という2つの試験を設定する[12]。第1は，普遍的法則の定式で，自己を正当化していないかどうかをチェックする。第2は，目的としての人間性の定式で，人間こそが絶対的な価値をもっていることを問う。人間自体が目的であり，手段として人間を扱わないことを確証する。その上でカントは，道徳性の最高原理とは，動機が義務によってなされるか，傾向性によってなされるかによって判断され，道徳性は，義務によって生じるものとする。「行動の道徳的な価値を評価するためには，行動の結果ではなく動機を評価する必要がある」[13] と主張している。

評判をあげるために公正なビジネスをすることは，義務の動機ではない。思いやりで他者を助けたとしてもそれは賞賛には値するが，尊敬には値しないという[14]。なぜなら評判をあげようとしたり人を喜ばせようとするのは傾向性であって，義務の行動ではないからである。理性の最高法則である義務からの行動が道徳にかなうものである。

すなわち，無条件で人間は尊重されるべきものであり，条件で変わるものではない。カント哲学は，道徳法則は一つであるとする。なぜなら，理性を実行するとき，その法則は一つになるからである。すなわち，普遍性があり，人の尊厳はこの一つの法則から生まれる。カント哲学は，現代の普遍的人権の概念につながるものである。

12） マイケル・サンデル，前掲書，pp.157-161。
13） マイケル・サンデル，前掲書，p.147。
14） マイケル・サンデル，前掲書，p.150。

2. 6　人間を手段化しないことと，目的とすること

これまでの議論をまとめると，人間の尊厳性の無条件の尊重について以下のような図式で示せるのではないかと考える。人間の尊厳性を守るためには，人間を手段化しないことが，大前提となる。それを無条件に尊重しなければならない。その対象は，図 10.1 のように人権分野と労働条件などその他の分野に分けられる。人権の分野は，無条件での適用（現実にいかに反映されているか）が前提であり，人間が手段化されないための最低基準であるともいえる。

人権とまでは分類されないまでも，労働条件などのその他の分野においては，対象者が自己決定し，自律し，内発的に自らを開発できるかどうかを問うことが求められる。カントの言う積極的自由にあたる部分で，人間を目的としてより一層の創意工夫が求められる。

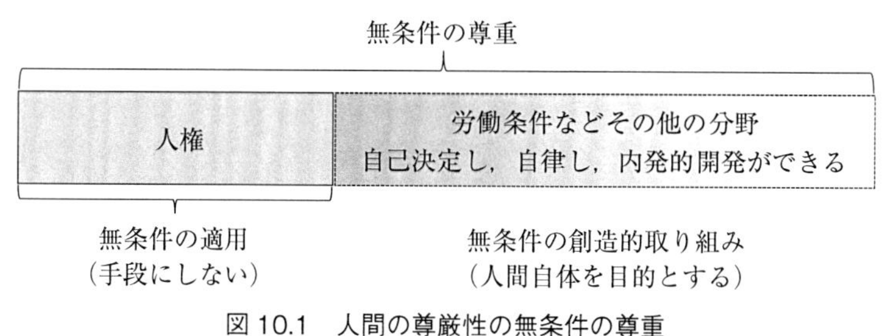

図 10.1　人間の尊厳性の無条件の尊重

2. 7　「尊重する」の意味―国連「ビジネスと人権に関する指導原則」を参考に

第 1 ステップの 3 つめのキーワードである尊重とは，どういう意味があるのだろう。カントの言う尊重とは，愛や共感，連帯感，仲間意識と違う[15)]。こうした感情は，相手が自分にとって特別であるからで，すべての人に平等に備わっている人権を守ることではない。では，ビジネスにおいて，どのように人権を尊重してゆけばよいのであろうか。この問いに応えようとしたのが国連で

15）マイケル・サンデル，前掲書，p.160。

の人権をめぐる動きである。

国連では,「ビジネスと人権」の問題を長期に取り上げ,国連人権高等弁務官事務所（Office of the United Nations High Commissioner for Human Rights, OHCHR）が中心となり，頻発するビジネスから生ずる人権問題をいかに国連として解決に導くかが課題となっていた。1999年に国連グローバルコンパクトが当時のアナン事務総長によって開始されたが，ハーバード大学のジョン・ラギー教授が大きな役割を果たした。その後，人権とビジネスの焦点は，2005年，国連人権委員会の人権と多国籍企業特別委員会が創設され，ラギー教授がその代表として招聘された。ここでも主導的な役割を果たし，2008年ラギーレポート（人権の保護，尊重，救済の政策フレームワーク）が発表された。

このレポートの主眼は，国家と企業の人権における役割を3つの原則として明らかにしたことにある。つまり，**Protect（保護）**は，国家による人権保護義務，**Respect（尊重）**は，企業による人権尊重責任，そして，**Remedy（救済）**が，国家と企業による救済策の構築を表す。人権を尊重する企業の責任を明らかにし，人権の保護，尊重，救済の政策フレームワークを示したものである。尊重の意味を具体的に定めた指針として重要な定義と評価できる。ラギーによると,「国家法を遵守することに加えて，企業の基本的責任（baseline responsibility）は人権を尊重することであり，その企業の人権尊重責任とは，他者の人権の侵害を回避し，また，起こりうる否定的なインパクトを解消するために取り組むことを意味する」と説明している。先述した労働者保護法が保護Protectを目的とし，遵守すべき最低基準を示しているのに対し，尊重Respectや救済Remedyは，それ以上の，より積極的に人権侵害を回避解消することを意味する。

2011年3月，ラギーレポートを基礎に，6年間の調査研究活動の集大成である**「ビジネスと人権に関する指導原則（Guiding Principles）」**が発表された。そして,「ビジネスと人権に関する指導原則」が国連人権理事会により採択されたのである。**「人権デューデリジェンス（Due Diligence）」**という言葉もラギー氏により提唱され，後に国際標準化機構による社会的責任に関する国際規格であるISO26000の中にも人権デューデリジェンスの考え方が取り込まれるなど，企業による人権デューデリジェンスの実施の必要性がさらに現実的となっている。デューデリジェンスとは，相当な注意と訳され，人権に関連する悪影響を認識し，防止し，対処するために企業が実施すべきステップとされている。わかりやすく換言すれば，「企業が，常にどんな人権侵害が起こりうるかについて，常にHomework（予・復習）をやっておくこと」とOHCHRの担当官から説明を受けた[16)]。

ビジネスにおける人権問題は，ビジネスが直接的に侵害するものと，間接的に侵害するものがある。直接的侵害の第1は，消費者に対する人権侵害で，生産した商品やサービスが身体の安全に関わる場合がある。例えば，幼児の指のシュレッダーの事故などが挙げられる。第2は，労働者に対する人権侵害の代表的なものとして，労働組合員への迫害，不当労働行為，長時間労働や賃金不払い，児童労働や強制労働（奴隷），家政婦や私的雇用（労働者保護法の対象にならない）における人権侵害などがある。第3に，過去の日本でも深刻な被害をもたらした近隣住民に対する人権侵害であり，公害や水俣病，アスベスト被害などが代表例として挙げられる。

一方，ビジネスにおける間接的侵害は，グローバルに広がるサプライチェーンにおける人権侵害を含む。下請け会社や契約会社の雇用問題や児童労働・強制労働は，自社の範囲内だけでは責任を全うできない。その他，ステークホルダー側の人権侵害も重要視される。投資受け入れ国政府の人権侵害は，進出している企業にも責任が及び，近隣コミュニティーにおける人権侵害は，見て見ぬふりをしたとして企業の責任が問われることになる。

尊重するとは，法令を遵守するというコンプライアンスだけではなく，また，富める者がまずしいものに恵むという概念を持つフィランソロピーだけでもなく，責任（Responsibility）を果たすという意味を内包している。CSRとして企業の社会的責任が問われているのは，社会との関係を簡単に判断しないで，逃

16）2012年8月，OHCHRのMr. Michael van Gelderen人権担当官からの聞き取り調査。

げないで，自由な選択肢の中で，向き合いながら，悩みながら判断し行動してゆく，Due Diligence という関わり方が求められている。

また，企業が，人権侵害にあった人を「救済」する責任を果たすことまで，国連の「ビジネスと人権に関する指導原則」に明示されることになった。人間主義経営は，さらにより良い人間の尊厳性を尊重するための自主的な促進活動まで目指すべきであるといえるだろう。今後発展していく，グローバル・サプライチェーンにおける人権の尊重は，ますます大きくなっていく重要課題である[17)]。

2．8　第 1 ステップにおける日本企業の課題

人権とは，女性や障害者という特定の人に対しての概念ではなく，誰であろうが平等に守られるべき人間の権利であり，先述したカント哲学から生まれた認識である。これは，日本人の一般的人権意識に不足している認識であり，世界が問題としている人権とギャップがあると考えられる。

日系企業の一般的な CSR 観として，自社での責任は認識するが，サプライチェーンにおける他社の問題までは責任が及ばないという認識が強いと指摘されている[18)]。しかし，人権とは，自社に関係ないとしても，無条件で尊重するべきものであり，今はなくとも，将来にわたって問題を起こさないようにデューデリジェンスを働かせることが重要である。

経営者のみでなく，従業員にまで，人権意識を高める努力が会社に求められているのである。そのためには，人間を手段としない経営の意思を組織全体で理解しなければならない。

17）2016 年の ILO 総会（国際労働総会）の一般討議議題は，「グローバル・サプライ・チェーンにおけるディーセント・ワーク」であった。討議の結果，新たな国際労働基準の設定を含めて継続的に審議を続けることとなった。2017 年 3 月には，ILO「多国籍企業及び社会政策に関する原則の三者宣言」を改正し，「保護，尊重，救済」枠組みに加え，人権 Due Diligence が盛り込まれた。

18）例えば，拙著（2005）「CSR と ILO 国際労働基準の関連とその方向性」『季刊労働法』208 号，2005 年 3 月 15 日，p.24。

3. 人間主義経営第2ステップ：倫理的配慮の経営管理上の意思決定への取り込み

3．1　倫理的意思決定とアリストテレスの幸福の倫理学

第1ステップの基礎にあるのは，カントの普遍主義理念で，「すべきだ」「してはいけない」という**「規範的」「義務論的」倫理観**を持つ。しかし，この原則だけでは現実の状況に即した価値創造的な経営の意思決定は難しい。この解決のために，第2ステップでは，アリストテレスの究極の善は幸福であるとする**「目的論的」「幸福論的」倫理観**を取り込んでいる。これは幸福の個別主義的視点を持つ応用的倫理観である[19)]。

アリストテレスは，歩きながら対話して学ぶ「逍遙学派」を形成して現実を重視した倫理学を提唱した。アリストテレスは，「目的が重要で，その究極目的は幸福である」とする倫理学で，それは，「徳」によってマネジメントされなければならない，という。

より良い選択や意思決定は，その時の状況によって自由意志に基づく「中庸」思考によって導かれる。中庸とは，同じレベルの両極端の中点ではない。1段上のレベルの徳ある解決，第三の選択を導き出す。

3．2　多様なレベルでの意思決定

1990年代初頭には，トップの倫理的意思決定についての代表的な研究が出された。グッドパスターは，次のような単語の頭文字をとってPASCALとして提示している[20)]。Perception 経営上の課題事項を認識する，Analysis 選択肢を分析する，Synthesis 選択肢を総合し優先順位を設定する，Choice 総合に

---

19) 山本芳久（2022）『アリストテレス・ニコマコス倫理学（100分dc名著）』NHK出版，pp.14-15。

20)　Kenneth E. Goodpaster（1991）“Business Ethics and Stakeholder Analysis”, *Business Ethics Quartery*, Vol. 1, No.1, pp.55-57.

基づき選択する，Action 選択に基づき行動する，Learning 行動の結果を検証し学習すること，である。しかし，2000 年に入り，米国のエンロンやワールドコムなどの巨大企業の不正による経営破たんが続き，日本でも多くの企業が不祥事により経営破たんに追いやられた。これは，現実的に経営者の倫理的意思決定を確保することが困難であることを物語っている。

その背景には，ビジネスの一面的な利潤極大化の姿勢があるととらえている[21)]。これは多様なステークホルダーの利益を無視し，一部の利益に偏り，社会的排除が生まれる。今後の持続的発展のために，包摂的なビジネスを展開するためには，多様なレベルでの意思決定における倫理的判断の反映が必要となるのである。

3. 3　バダラッコの静かなリーダーシップ

これらの考え方と方法論は，ハーバード・ビジネススクールの経営倫理担当教授で，リーダーシップ研究の泰斗であるジョセフ・バダラッコ（Joseph Badaracco）の研究と大きく共鳴する点がある。

バダラッコは『静かなリーダーシップ』（2002 年，翔泳社）を出版した。バダラッコは，成功した企業の研究を通し，「経営における決定はどこでされているのか」を問う。多くの研究では，優秀なトップ経営者が成功に導いたとするヒーロー型リーダーシップの論調が多い。そうだとすると，トップから打ち出された方針が企業のすべての決定に反映されるのだろうか。もしそうだとしたら，ミドルや現場の人はただその方針を実行するだけなのか，ヒーロー以外の人は何もしないでどこへ行ったのだろうかという疑問を呈する。バダラッコは，種々のケーススタディを引きながら，ヒーロー型リーダーシップではなく，「静かなリーダーシップ」が重要であることを説く。

バダラッコは，一人のリーダーが組織を変え，世界を変えることはないと結論づける。ヒーロー型リーダーシップでは，ピラミッドの頂点から人々を見る。

21）*Humanistic Management in Practice*, pp.6-8.

しかし，このような見方では，それ以外の人がピラミッドのどこにいるのかわからないという。困難で重要な問題のほとんどは，社内，社外を問わず，トップによる速やかで決定的な対策によって解決するのではない。組織を変えることに成功した企業の変革は，些細なことを日常の中で忍耐強く努力を積み重ねることによって成し遂げられる。重要なのは，脚光とは程遠い人々が慎重に行う，思慮深く実践的な小さな努力である。平々凡々とした日常の努力を忍耐強く積み重ねることによって，ほぼすべてのことが達成できると強調する。

そのための人格的特徴として，①感情をコントロールする自制，②自分がすべてを解決できるわけではないという謙虚さ，③粘り強さを持つこと，を挙げている。

また，バダラッコは，別の著作『決定的瞬間』(2004年，東洋経済新報社）で企業の一大不祥事を起こした意思決定がどのようになされたかを研究した。書名の通り，意思決定には決定的瞬間があると結論づける。その瞬間は，偶然性が大きいのか，それとも必然性が大きいのかを問い，決して偶然になされる意思決定ではないことを明らかにする。

決定的瞬間とは，「正しいことを正しいことの間から選択するということ自体が，非常に難しい決断を要請する」ものであり，「人の力量や美徳を試すという試練を提供する」ものであるとする。「試練を経て，人は人格形成される」のであり，「正しいことと正しいことの間の決断で戸惑い，それでも選ぶ。ジレンマの中でどのような決断をどのような思いで行って，どのように行為に移してゆくのか，そのプロセスで自分らしさが出てくる」，それが，意思決定の決定的瞬間につながるのである[22]。

以上のように，倫理的省察を意思決定過程に取り込むには，組織の構成員の隅々にまで意思決定過程が及んでいなければならず，また，日頃の意思決定における価値判断の鍛錬が必要になる。

このような意思決定をするためには，当然，心に余裕がなければならず，**マ**

22）ジョセフ・バダラッコ（2004）『「決定的瞬間」の思考法』東洋経済新報社，p.254。

インドフルネスが経営の意思決定者に求められる。マインドフルネスとは，自分と自分をとりまく世界について，目覚め，意識し，気づかうことができる状況のことをいう。自分自身を深く理解することで，自分にとって意味があるだけでなく，他人を鼓舞する行動がとれる。現代のリーダーは，対処することが多すぎて燃え尽きることが宿命となっていると言われる。リーダーが燃え尽きないためにも，マインドフルネスはビジネスにおいて世界的注目を集めている。

人間主義的視点 ⇒ 現場のひとりひとりが倫理的判断をできるようにする

3．4　第２ステップにおける日本企業の課題

日本企業のCSR活動は，CSR部・環境部が中心であるが，国際CSRの潮流は，組織全体での実践が求められている。あらゆるラインの意思決定過程で，倫理的な配慮ができるような仕組みにしていかなければならない。日本では，CSRは経営者の判断だという認識が強いが，一般従業員を含めて，自律的に社会的で倫理的な判断ができるかがこれから問われてゆくことになろう。

日本企業で良く行われている慣行は，現場で企業理念やモットーを読み上げることがよく見られる。しかし，それを一歩掘り下げて考える機会が不足しているように思える。リーダーが効果的に企業理念とその中に内包されている企業倫理をうまく伝えてゆく新しい方法を考えていくことが求められている。

4．人間主義経営第３ステップ：ステークホルダーとの双方向的対話の拡大

4．1　正直な失敗を防ぐためのダイアローグ（対話）

第１ステップと第２ステップはともに，組織内からの一方的な対応である。人間主義経営が社会との関係を重視している以上，社会との双方向の関

係をいかに構築するかが重要課題となる。なかでも，**「正直な失敗」（honest mistake）**にどう対応するのか，を問いかける。

Honest Mistakeとは，正直に，道徳に従って，倫理的に考慮をして一生懸命自分で決めたとしても，相手にとって良い影響を与えるとは限らない。むしろ，迷惑や逆効果をもたらす場合がある。この正直な失敗を実際の経営活動の中でどう解決するのかというのが次の課題となり，ステークホルダー・ダイアローグの重要性が提示されている。

人間の尊厳性を尊重し，倫理的な意思決定がなされたとしても，それが社会にどのような影響を与え，鍵となるステークホルダーに歓迎すべきものとして認知してもらえるのかは，簡単には判断できない。legitimacy（社会的妥当性）という社会からのビジネスの正当性を認められてこそ，営業免許（license to operate）を与えられるというものである。

4．2　コミュニティ・インベストメントの考え方

このためには，持続的なステークホルダー・エンゲージメントを通じてより良い方向に関係構築をはからなければならない。この考え方は，組織の社会的責任の国際規格であるISO26000において，**コミュニティ・インベストメント（community investment）**として明確に位置付けられたものである。

ここにおけるコミュニティ・インベストメントとは，地域における財政的な投資をいうのではない。組織の活動では，組織は，原材料の調達や労働力の投入（input）を通じて，何らかの生産物や付加価値を産出（output）する。しかし，そのアウトプットはさまざまなステークホルダーに**影響（impact）**を与えることになる。特に企業が立地するコミュニティーに好・不景気の経済的影響を与えることもあれば，公害，騒音などの不利益を与えたり，労働者や家族の健康に影響を与える場合もある。ISO26000は，組織の社会的責任として，このインパクトを恒常的に評価するシステム**impact評価**を構築することを促している。

そして，コミュニティー・インベストメントによるリターンを長期的に回

収・増大するようにし，コミュニティーの発展が，企業の発展につながることを確保する仕組みをつくることにより，CSR が組織にとって持続的発展につながることを確保する。

このインパクトを評価するためにステークホルダーとの対話が重要であり，インパクトは時間の経過で変わってくるので継続的に関わってゆくというエンゲージメントが必要とされているのである。もちろん，ステークホルダーの中には，批判的なものや敵対的なものがあるかもしれないが，エンゲージメントをすることによって，協働，シナジーが生まれ，関係が良い方向に変わることが期待できうる。エンゲージメントという言葉は，長期的に成果を上げるような関わりを深めてゆくという含意がある言葉であるが，組織の持続的発展のために不可欠な関係と位置づけられる。

【ケース・スタディ】

松下幸之助とステークホルダー・エンゲージメント

現パナソニックの創業者であり，「経営の神様」とも称された松下幸之助。人間主義経営を実践した経営者として真っ先に念頭に浮かぶ。「人間大事」を経営の基礎に置き，「偉大な人間観」の研究を生涯にわたって続けた。また，謙虚にヒトの話を聞き，決断にあたっては，いつも衆知を集めた。

最もリーダーシップを発揮したのは，ステークホルダー・エンゲージメントであろう。戦後の松下の組合結成式に，松下幸之助社長が招待もないまま一人参加し，組合と会社が目指すものは同じであると励ました。社員の幸福のために，週休二日制，35 歳持ち家制度などを日本企業として最も早く導入した。また，系列販売店，小売店を大事にし，さまざまなコミュニケーションや便宜をはかった。「共存共栄」の色紙を贈呈していった。さらに，多くの協力会社に対しても，継続的な協力とコミュニケーションを絶やさなかった。

松下幸之助の経営は，上から下への経営ではなく，ステークホルダーとの対話を基礎にしたボトムアップ型のアプローチをとったといえる。長期的信頼関係を重視する日本的人間主義経営といえよう。

4. 3　マテリアリティ

しかし，同時にすべてのステークホルダーと対話するのは不可能であるため，対話する優先事項を決める必要がある。重要性に基づいて，優先すべきステークホルダーを決めることになる。そして，対話を広げてゆくことがステークホルダー・ダイアローグである。この重要性を**マテリアリティ**と呼び，図10.2のようなマトリックスを使って，事項（イシュー）をプロットしてゆくことになる。

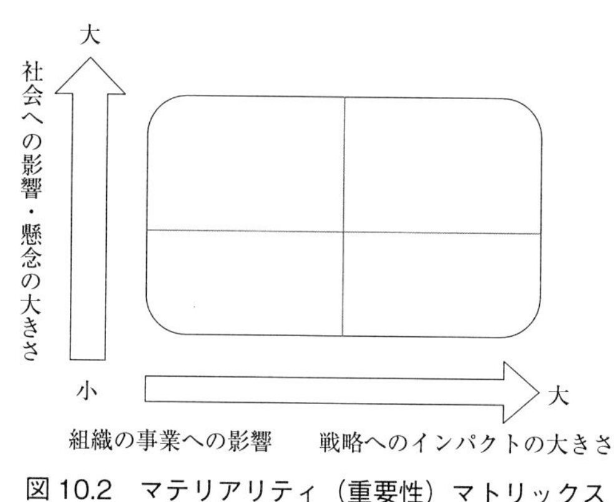

図10.2　マテリアリティ（重要性）マトリックス

4. 4　双方向で共通思考を促すダイアローグ

価値創造の対話力（ダイアローグ）というべきコミュニケーションの手法が注目されている。ダイアローグのダイアは，何かを通してという意味があり，ローグはロゴスが転じたものであり，言葉という意味がある。すなわち，ダイアローグとは，「意味が流れて通る」というギリシャ語に起源がある。自分の考えにこだわるのではなく，相手と共同して自由に本質を探究し続けることである。そこにおいては本質を学習しようという自発性，積極性が必須条件となる。

グローバル化，多様化を通したあらゆる状況下で，ダイアローグが重要視されている。ダイアローグができる人材が求められており，ビジネス教育の時流もそのような人材の育成に焦点があてられている。

人間主義的視点 ⇒ ステークホルダーとの対話の拡大

4. 5 第３ステップにおける日本企業の課題

ISO26000 が認証を伴わないガイダンス規格となったことから，日本企業のCSR 熱は下火になったと言われている。日本は外圧に弱く，自主的に改革してゆく力が弱いとも言われている。また，日本企業は，社外役員が少なく，企業内でのガバナンスが効いているため，社会性を考慮した意思決定が弱いとも指摘されている。これらのことが，なかなか新しい方向性に進めない原因となっている。

さまざまなステークホルダーと対話し，それを経営に反映させるには，ガバナンスの改革とともに，それを担う人材の育成が重要である。アジアや欧米では，ビジネススクールや社会人教育の中で，CSR の専門コースが設置され，かなりの人気を博していると聞く。そして，企業側もこれらの知識を持った人材を採用しようという意欲も高い。ステークホルダーと対話ができる人材を，必要な人材要件として位置づけているのである。一企業の枠を超えた社会性を持った視点が企業の生き残りの要件となりつつある現在，ステークホルダー・ダイアローグを担える人材の確保と育成が大きな課題となっているといえよう。

5. 人間主義経営原則の人的資源管理への応用

以上の人間主義経営の３ステップ・アプローチを，現実の人的資源管理の実践に応用する手がかりとして，チェックポイントを単純化して参考に供したい。人事制度や，雇用・処遇管理，訓練・開発や労使関係，各種労働条件に至るまで，人間主義的な視点でチェックすることができる。

まず，第１ステップの「人間の尊厳性の無条件の尊重」である。第１のチェックポイントは，人間を手段としていないかどうかである（図 10.3 参照）。その

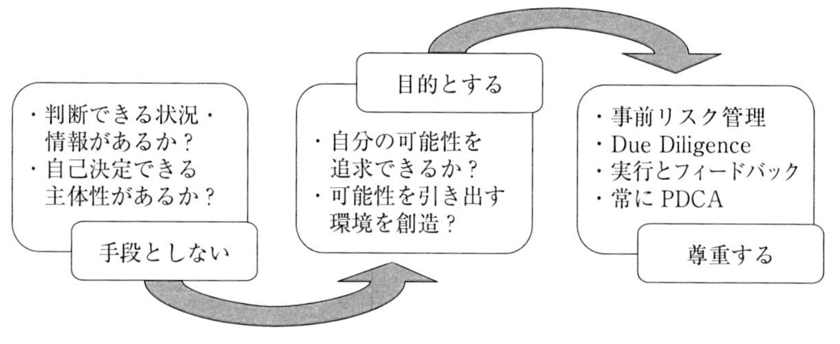

図 10.3　第 1 ステップ：人間の尊厳の尊重

ために，対象者が判断できる状況にあるか。すなわち判断できる十分な情報が与えられているかどうか。その上で，自己決定し，主体性を発揮できる状況であるかどうかをチェックする。第 2 チェックは，人間を目的としているかどうか。これには自己実現など自分の可能性を十分に追求できるかどうか。そして，その内発的可能性を引き出す環境を創造しているかどうかをチェックする。第 3 チェックポイントは，本当に尊重しているかどうか。すなわち，事前に問題が生じないかリスク管理を行い，確実な実行と，その結果に対し常にフィードバックを行いながら，PDCA のマネジメントサイクルを回しているかどうかをチェックすることになる。

そして，第 2 ステップの「倫理的配慮の経営管理上の意思決定への取り込み」では，まず第 1 チェックポイントは，トップが，明確に倫理的意思を表明しているかどうかである。第 2 は，現場のリーダーが倫理的な状況判断ができるマインドフルな状況にあるかどうか。そして第 3 は，現場では，安易ではなく状況を判断しながら価値的な選択や意思決定ができるようになっているかどうかをチェックしなければならない（図 10.4 参照）。

第 3 ステップの「経営の倫理的振り返りのための対話の拡大」は，ステークホルダー・エンゲージメントのチェックになる（図 10.5 参照）。人的資源管理のステークホルダーは，第一義的には従業員であるが，労働組合，家族，コミュニティーや他の関係者も考えることが重要である。第1のチェックポイントは，

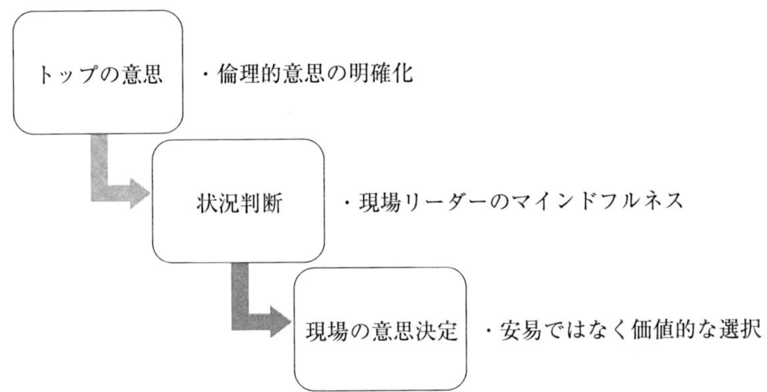

図 10.4　第 2 ステップ：倫理的判断の意思決定への反映

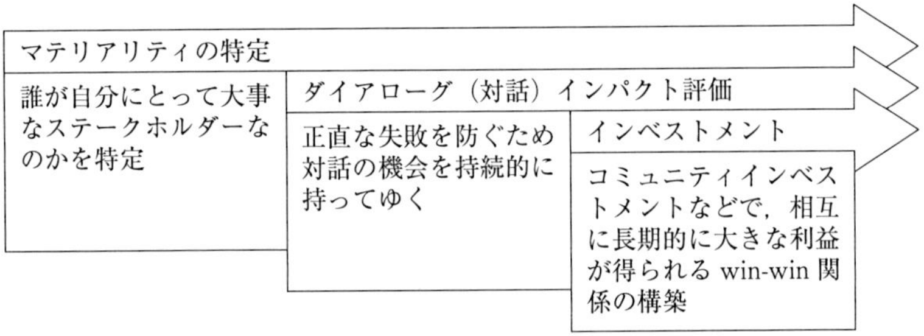

マテリアリティの特定

誰が自分にとって大事なステークホルダーなのかを特定

ダイアローグ（対話）インパクト評価

正直な失敗を防ぐため対話の機会を持続的に持ってゆく

インベストメント

コミュニティインベストメントなどで，相互に長期的に大きな利益が得られる win-win 関係の構築

図 10.5　第 3 ステップ：ステークホルダー・エンゲージメント

誰が組織にとって大事なステークホルダーなのかを特定するため，マテリアリティ・マトリックスを作成するなどして優先的に重要なステークホルダーを特定することである。第 2 は，正直な失敗を防ぐためダイアローグ（対話）の機会を持続的に確保し，インパクト評価を行っているかどうかである。つまり，簡単に判断するのではなく，状況に合わせて価値的な選択をすることが重要になってくる。そして，最後のチェックは，相互に長期的に大きな利益が得られる win-win 関係の構築につながるようなコミュニティー・インベストメントが行われているかどうかをチェックする。

索　引

A–Z

ア

カ

タ

ナ

ハ

マ

ヤ

ラ

ワ

《著者紹介》

栗山直樹（くりやま・なおき）

創価大学経営学部教授。経済学博士。

1988年～1991年 ILO（国際労働事務局）本部（スイス・ジュネーブ）に勤務し，雇用問題，労使関係の研究に従事する。

2017年，日本の人的資源管理研究を英語でまとめた *Japanese Human Resource Management* を Palgrave Macmillan 社から出版。

（検印省略）

2018年 4 月 5 日　初版発行
2023年 8 月 10 日　改訂版発行　　　　略称―成長組織

成長する人と組織［改訂版］
―人間主義的視点をもつ人的資源管理論―

著　者　栗山直樹
発行者　塚田尚寛

発行所　東京都文京区春日 2－13－1　株式会社　創成社
電　話 03（3868）3867　　F A X 03（5802）6802
出版部 03（3868）3857　　F A X 03（5802）6801
http://www.books-sosei.com　振　替 00150-9-191261

定価はカバーに表示してあります。

ISBN978-4-7944-2620-8　C3034
Printed in Japan
組版：ワードトップ　印刷：エーヴィスシステムズ
製本：エーヴィスシステムズ
落丁・乱丁本はお取り替えいたします。

経営・マーケティング

書名	著者		価格
成長する人と組織 ―人間主義的視点をもつ人的資源管理論―	栗山直樹	著	2,400円
現代の経営組織論	文　載皓	編著	2,800円
働く人の専門性と専門性意識 ―組織の専門性マネジメントの観点から―	山本　寛	著	3,500円
地域を支え，地域を守る責任経営 ―CSR・SDGs時代の中小企業経営と事業承継―	矢口義教	編著	3,300円
供給の科学 ―サプライチェーンの持続的成長を目指して―	北村義夫	著	3,500円
コスト激増時代必須のマネジメント手法 「物流コストの算定・管理」のすべて	久保田精一 浜崎章洋 上村　聖	著	2,500円
部品共通化の新展開 ―構造と推移の自動車企業間比較分析―	宇山　通	著	3,800円
ビジネスヒストリーと市場戦略	澤田貴之	著	2,600円
イチから学ぶ企業研究 ―大学生の企業分析入門―	小野正人	著	2,300円
イチから学ぶビジネス ―高校生・大学生の経営学入門―	小野正人	著	1,700円
ゼロからスタート　ファイナンス入門	西垣鳴人	著	2,700円
すらすら読めて奥までわかる コーポレート・ファイナンス	内田交謹	著	2,600円
図解コーポレート・ファイナンス	森　直哉	著	2,400円
流通と小売経営	坪井晋也 河田賢一	編著	2,600円
ビジネス入門 ―新社会人のための経営学―	那須一貴	著	2,200円
eビジネス・DXの教科書 ―デジタル経営の今を学ぶ―	幡鎌　博	著	2,400円
日本の消費者政策 ―公正で健全な市場をめざして―	樋口一清 井内正敏	編著	2,500円

（本体価格）